JN237760

わが子が「なぜか好かれる人」に育つお母さんの習慣

獨協医科大学名誉教授
永井伸一

青春出版社

はじめに
子どもが幸せな人生を歩むために、最も大事な力

みなさんのまわりに、一緒にいると楽しくて何かと誘いたくなる友人、妙ににくめない友人、話が面白く場の雰囲気を盛り上げるのが上手な知人、あるいはつい手を貸したくなる後輩など、不思議に魅力があるという人はいないでしょうか。

私はかつて大学で27年間、その後、校長として赴任した私立中高一貫男子校で11年間、実にさまざまな学生たちと接してきました。教師にとって生徒はひとりの例外もなく全員かわいいもので、全力でよい方向に導いてあげたい存在です。

しかし、そうした多くの生徒たちのなかでも特に魅力があり、つい声をかけて面倒を見たくなる生徒がある一定数存在した、というのも事実です。

そうした生徒は成績優秀でまじめ、素行も申し分ないタイプばかりかと思われるかもし

れませんが、決してそうではありません。むしろ、成績はハッパをかけたくなるようなレベルながらも、素直で人なつこくて人間として魅力がある——。こうしたタイプの子ほど、まわりの人から「よい人生を送る手助けをしてあげたい」と思われるものです。

またどのクラスにも、誰からも好かれる人気者が必ず2、3人はいるものです。こうした子どもや学生たちも、必ずしも成績優秀なタイプばかりではありません。学力はズッコケレベルではありながらも言動が楽しく、誰とでも気さくに話ができるムードメーカータイプの子が多いようです。

もちろん、クラスの人気者というと、言動の楽しいムードメーカーだけでなく、成績優秀タイプの子もまた多いものですが、クラスメートたちは彼らの優秀さに魅力を感じているのではなく、もっと違う部分に惹きつけられているようなのです。

こうしたタイプの子どもや学生たちは、たとえ成績は平均レベルで〝優秀〟とは言えなくても、よい友人に囲まれ、いつも生きいきと目を輝かせて毎日を楽しんでいる印象があります。そして、こうした子は学力とは違う武器で自分の道を上手に切り開いていきながら、順風満帆で豊かな人生を送れるという傾向があります。
彼らのもつ、その「武器」の正体とは一体、何なのか。
それこそが「人に好かれる力」というわけです。

人間は、人と人とが交わる社会で生きています。誰とも関わりをもたず、ひとりで社会を生き抜くことはできません。社会の中で人に受け入れられ、他人と上手にコミュニケーションを取れることが、幸せな人生を送るうえで欠かせないものなのです。

特に現代社会では仕事がさまざまに分化されているため、特殊な分野以外は他者と上手にコミュニケーションを取り、誰とでも力を合わせて一緒に仕事をしていける人、大勢の人間に信頼される能力と魅力のある人が求められています。

これからの日本は、激動の時代を迎えます。発展著しいアジア各国から野心と能力にあふれた若者が続々と日本に進出してきており、それまでは日本人が担ってきた立場をおびやかす時代がおとずれています。また多くの日本企業もアジアの成長を取り込もうと進出しているため、日本の若者が海外赴任して現地の人たちを指導する場面も増えています。

わが子が社会を上手に渡り、幸せな人生を歩んでほしいと願うのなら、学力を身につけることだけでなく（最低限の学力を保持するのはもちろん大前提ですが）、「人と上手にコミュニケーションが取れる力」「人に好かれる力」を養うことこそが、何より重要になってくるのです。

人に好かれると周囲のバックアップを受けやすい

また、「人に好かれる力」を持つことは、周囲と上手に折り合いながら仕事を進めていける、というだけでなく、自身の能力を開花させたり、実力を伸ばすことにもつながるのです。あなたの周りで、次のような例を見聞きしたことはないでしょうか。

仕事面ではまだ実力不足ながらも人なつこくて話が面白く、それでいて礼儀をわきまえている若者。彼らは、先輩たちにかわいがられて何かと面倒を見てもらえ、有益なアドバイスを受けられ、時には厳しく鍛えられながら、メキメキ成長していきます。上司たちからもかわいがられているため、何かの折に「経験を積ませるためにも、試しにアイツに任せてみるか」と抜擢を受ける。手に余る大仕事ながらも、持ち前の頑張りと周囲の手助けを受けて何とかやりとげる――。

こうした例は、社会のそこかしこで見られるはずです。もちろん、ただ〝好かれている〟というだけで、段違いに能力が高い競争相手の同僚を差し置いて大抜擢を受けるほど、今の会社は甘くはありません。

しかし、人に好かれる魅力のある人物には、「この子をよい方向に導いてあげたい」と考えてくれるメンター（よき相談者）が現れ、手を貸してくれたり、ここぞというときに引き立ててくれる結果になることが多いのも事実です。

こうしたメンターや頼もしい先輩たちから目をかけられ、よきアドバイスを受け、さまざまな失敗を重ねながらも成長していく――。これは、社会人として理想的な構図といえるでしょう。「人に好かれる力」を持つことは、周囲からよきバックアップを受け、幸せな社会生活を歩める結果に結びつく可能性が高い、といえるわけです。

私が過去に接した学生A君の例を紹介しておきましょう。

A君は成績は中の下レベルで、勉強はあまりやる気のない子でした。私は「将来どの方面に進むにせよ、ある程度の大学に行っておかないと先々厳しいぞ」と苦言を呈したものですが、なかなか勉強に関心を向けてくれませんでした。

それでも彼は、仲間同士の間では抜群に信頼を受けていて、たくさんの友人に囲まれた有意義な高校生活を満喫していました。

とはいえ、成績の方は伸び悩んだ末に、難関大学からは見劣りのする大学に進学することになってしまいました。その後、彼は大学4年生になり、よい就職が決まるのか、立派な社会人になれるのか私自身も心配していたのですが、某老舗企業の就職試験に一発で合格したというのです。

聞いたところでは、彼の持ち前の快活で前向き、かつものおじしない性質と、楽しい話術、魅力ある人柄が面接官の目に留まり、実にスムーズに複数の面接試験をクリアしたそうです。A君は現在、その老舗企業でやりがいのある仕事を抱え、社会人生活を生きいきと楽しんでいます。

また、「人に好かれる力」を持つことによるメリットは、こうした仕事面だけに表れるわけではありません。人に受け入れられ好かれるということは、よき友人に恵まれることにつながり、人生が豊かに彩られます。

「やりがいのある仕事につき、実力を発揮して日々働く」こと以外に、「よき友人に恵まれて生活を楽しむ」というのも、幸せな人生を送るうえで欠かすことのできない要素といえるはずです。

人に好かれ、受け入れられる性質を持っていることで、よき友人に恵まれ、さらにはどんな集団に身を置いても人間関係を楽しく築くことができる。こうした人物が、幸せでないはずがありません。

「子どもには幸せな人生を歩んでほしい」というのが親の究極の願い。それにはしっかりした学力をつけることももちろん大切ですが、それ以上に、「人に好かれる力」「人に受け入れてもらえる力」を育てることが、わが子を幸せな人生が送れる成人にするのに必要不可欠なのです。

では、「人に好かれる力」というのは、具体的にはどんな能力なのでしょうか。そして、どのようにすればそうした力が養われるのでしょうか。

順を追って詳しく説明していきましょう。

人に好かれる子とは「自分に自信のある子」

さて、「人に好かれる力」と聞くと、みなさんはどのようなイメージを抱くでしょうか。いま本書を手にしている方でも、あるいは「人に好かれる力」をネガティブにイメージしている人が多いかもしれません。

〝人に好かれる〟というと、「自分の意見は持たずに相手の言いなりに動くタイプ」、「人の顔色ばかりうかがう腰ぎんちゃくタイプ」、「誰にでもいい顔をする八方美人タイプ」……。こうしたタイプを思い浮かべている方がいるかもしれませんが、それはまったくの見当違いです。

私がいうところの「人に好かれる力」というのは、こうしたタイプとはむしろ真逆の性質を指しています。**本当の意味での「人に好かれる」能力とは、「自分に対しての確固たる自信」に裏打ちされたものなのです。**

自分の意見を主張できず、相手の言うことを受け入れてばかりだったり、人の顔色をうかがったり、誰にでもいい顔をしたりするというのは、実は〝自分に自信がない子〟が取る行動です。確固たる自分を持っていないため、人の反応ばかりが気になるからこそ、そうした行動に出てしまうわけです。

こうした子は、いつも周囲に人がいるように見えても、悲しいことに本当の意味で人に好かれているわけではありません。本当の意味で「人に好かれる」子というのは、それまでの人生において肯定されることが多く、周囲に受け入れられて育ってきているため、根っこの部分では自分に対して大きな自信を持っているもの。それゆえ、人の顔色を極度に気にすることなく、自分の意見を上手に主張できるのです。

そして、自分の思うままに行動しても、根っこにある自信に支えられたよい性質と魅力が多くの人を惹きつける結果、人に好かれるというわけです。

「人に好かれる子」と「人の顔色をうかがうことで表面上は好かれている子」はまったく違う、という点を、まずはしっかり認識してください。

人に好かれる力につながる〝7つの性質〟

では、「人に好かれる力」について、具体的に例を挙げてみましょう。

私が長年にわたって数多くの学生たちを見てきたなかで、人に好かれ、多くの人に受け入れられる魅力のある子は、次の7つの気質が備わっていることが多く、これこそが「人に好かれる力」の元になっているといえます。

①誰とでも陽気に話ができる
②ユニークな発想力に富み、話が面白い
③何にでも興味を持てる
④ガマンする力があり、地道に努力ができる

⑤人の先頭に立って物事を進めていけるバイタリティを持っている
⑥優しい性格で、人の気持ちを思いやれる
⑦素直な性格で人なつこく、柔軟性がある

この7つの性質は、同年代から見ると「つき合っていて楽しい」「頼りになる」「信用がおける」と感じさせ、上の年代からすると、何かと声をかけたくなったり、「いい性質を持っている。この子をもっと伸ばしてやりたい」と思わせる魅力につながります。

また、こうした性質が幼いころから根づいている子は、周囲の人に受け入れられ、かわいがられ、友人にも好かれます。そのため、よい性質がいっそう大きく伸びていきます。〝誰とでも陽気に話ができる子〟は、「君はいつも明るくていいね」と、周囲の人からかわいがられることで、その陽気さを伸ばしていきます。〝話が面白い子〟は、友人たちから「オマエは面白いな」と好かれることで、その話術をいっそう巧みにしていきます。〝何にでも興味が持てる子〟、〝地道に努力できる子〟、〝物事を進めていくバイタリティを持っている子〟、〝優しい子〟……。これらの性質は、成長する過程で人に好感を持たれるのは間違いありません。すると、人にほめられることも多くなり、受け入れられることで、自分に対して大きな自信を持つと共に、よい性質をますます伸ばしていくのです。

よい性質や魅力は、周囲からほめられ、受け入れられた経験を重ねることで、より大きく花開くものです。本書では、子どもたちに幼いころからこうしたよい性質の芽をしっかり根づかせてあげるための方法を、じっくりご紹介していきます。

わが子が
「なぜか好かれる人」に育つ
お母さんの習慣

CONTENTS

はじめに

第1章 「素直さ」こそが好かれる子が持つ共通の性質

第2章 いい人生を歩ませるために必要な7つの性質

第3章 子どもが大きくなって後伸びするためのベースづくり

第4章 小学生になったら必ずやっておきたい家庭の習慣

第5章

こんなに違うお母さんの役割、お父さんの役割

執筆協力　森明美
装丁　マルプデザイン
カバー・本文イラスト　佐藤香苗
本文デザイン　オレンジバード
本文ＤＴＰ　センターメディア

第1章

「素直さ」こそが好かれる子が持つ共通の性質

子どもの将来が明るくなる4つのメリット

この章では、「人に好かれる子」についてもう少し詳しく探っていきましょう。

「人に好かれる子」に共通するキーワードは、実は「素直さ」だと私は思っています。

「はじめに」で挙げた7つの性質は、言い換えると「優しい」「一緒にいて楽しい」「どんなことでも地道に取り組める」「前に進むパワーがある」の4つの性質に集約することもできますが、これらの根っこにあるのは「素直」ということ。

「素直さ」は、よい性質を養ううえで大きな意味を持っているのです。順を追って説明していきましょう。

Point 1 「素直」な子は優しい

人の気持ちが思いやれる優しい子というのは、それだけで人に好かれるものです。そして、「人の気持ちが思いやれる」というよい性質の裏には、「素直さ」があるはずなのです。人の気持ちを自分のことに置き換えて考えられ、誰に対しても親切に気を配ることができる。これは、「素直に共感できる心」があってこそです。

「素直」の反対語は「偏屈」ですが、「自分さえよければいい」という自己中心的で偏屈な考え方は、人の気持ちによりそう「優しさ」とは正反対の性質。**「優しさ」の根底には、「素直さ」が必ずある、**といえるわけです。

Point 2 「素直」な子は一緒にいて楽しい

「一緒にいて楽しい人」とは、どんな人を指すのでしょうか。みなさんのまわりにいる友人、知人を思い浮かべてみるとわかりやすいかもしれません。

「言動が面白い人」「何事に対してもいつも生きいきと楽しんでいる人」などの性質をイメージするのではないでしょうか。

こういった人たちは、いうなれば**「何にでも興味を持てる人」**なのです。何に対しても興味を持てるからこそ、多方面にわたる知識があり、感性も豊かなものになる。ユニークで人を惹きつけるような言動ができるゆえんです。

同様に、何にでも興味を持てるからこそ、いつも生きいきと楽しく生活ができる。こういった人というのは、何か楽しい計画を立てるときにはつい誘いたくなるし、一緒に行動したくなるものです。

そして、「何にでも興味を持てる」というのは、「素直で柔軟な心」に由来します。あらゆる物事に対して斜に構えることなく素直な目で観察し、素直に感動できる心が養われているからこそ、何にでも興味を持てるというわけです。

Point 3 「素直」な子はどんなことでも地道に取り組める

さらに、「地道に物事に取り組める」というのは、「ガマンできる力」「粘り強さ」が元になっています。**この「ガマンできる力」や「粘り強さ」というのは、生まれ持った気質ではなく、子どもが育っていくなかで養われていくもの。**

途中で放り出すことなく物事をやりとげた経験を重ねることでしか、根づかない性質だといえます。物事をやりとげるには、「どんなことでもチャレンジしてみよう」「最後までやりとげてみよう」といった意欲が必要不可欠で、この意欲を支えているのが「素直で柔軟な心」なのです。

「チャレンジしてみよう」という意欲は、「素直で柔軟な心」があってこそ生まれます。「どうせ、自分にはできっこない」「こんなコトに取り組むのはくだらない」といった気持ちでは、そうした意欲は生まれてきません。

Point 4

「素直」な子は前に進むパワーがある

常に前向きで、何に対してもひるむことなく進んで行くパワーを持っている子は、快活で元気があり、多くの人に好かれるはずです。**難しい状況に陥ったときなども、前に進む力をもっている子は頼りにされ、まわりに人が集まります。**

こういった性質も、「何にでも興味が持てる力」「ガマンできる力」「粘り強さ」によるところが大きく、その根底にあるのは「素直さ」ということになるのです。

このように、「素直な心」というのは、「人に好かれる性質」を養ううえで大きな意味を持っています。優しい気質や何にでも興味を持つ前向きな性質、物事をやりとげる力には、「素直で柔軟な心」の作用が大きく影響しているというわけです。

好かれるとは「無理をして人に合わせること」ではない

「はじめに」でも少し触れましたが、「人に好かれる子」「人に受け入れられる子」というと、「人に合わせてばかりいる子」「人に振り回される子」「人の顔色ばかりうかがっている子」「誰にでもいい顔をする八方美人」などといった風に、どこか受け身でネガティブなイメージを持つ人が多いかもしれません。

しかし、前述したように「本当の意味で好かれている子」と「無理をして人に合わせることで、表面上は好かれている子」は、まったくの別物です。

「本当の意味で好かれている子」は自分に自信を持っているため、人の顔色や意見に左右されることなく、自己を貫くことができます。それでいて、本人の持っている魅力や言動が周囲の人をひきつけるのです。それは、決して受け身のものではありません。

嫌われないように人の言いなりになったり、周囲ばかりを気にして自分の意見が言えなかったり、あるいは誰にでもいい顔をする子は、自分に対して自信が持てないからこそ、そのような行動に出てしまうのです。

こうした子は、育っていく過程でほめられた経験や、親から愛されたという実感が不足していて、自己肯定感が根づいていない、というケースがほとんど。「人に好かれる子」とは対照的だとすらいえます。つまり、自分に自信が持てないというわけです。

特に私が見てきた限りでも、「人の顔色ばかりうかがっている」というタイプの子が最近増えています。こうしたタイプの子たちは、子どものころに友達と本気でぶつかり合ってケンカをするなど、生身のつきあいをした経験が乏しいことが多く、人間関係を営むことにどこか不安を感じているのです。

それゆえ、人とはつかず離れずのつき合いですませようとし、相手に同調することが多くなってしまうわけです。

「人の顔色ばかりうかがっている」タイプの人は、じつは幼少期に母親が子どもとあまり関わっていないという場合に多いようです。

幼少期に母親（またはそれに代わる存在）が愛情をたっぷり注ぐことで、子どもは安心して外の世界に踏み出すことができます。母親から無条件に愛情を注がれることで、人間に対する安心感が芽生え、自分に自信がつき、これが他者と関係を結ぼうとする意欲につながっていきます。

反対に、母親からの愛情が足りていないと、人間関係を築くことに不安を感じ、「人の顔色ばかりうかがっている」タイプになってしまいかねないのです。

そして、少々極端な言い方になってしまいますが、こうした「人の顔色ばかりうかがっている」タイプの子は、悲しいことにいじめのターゲットにされてしまうケースがとても多いのです。どこか自信のない様子で、いつも友だちのご機嫌をうかがい、周囲の言いなりになってしまう――。こうしたタイプの子を、タチの悪いいじめ首謀者たちはけっして見逃しません。

第5章でも後述しますが、わが子がいじめのターゲットにされる、といった悲しい状態にさせないためにも、幼少期に母子のきずなをしっかり結んでおき、**人間関係を築くことに対して不安を持たないようにする。**このことを、世のお母さんたちは一番に意識するようにしてください。

そのうえで、みなさんのお子さんには、「人の顔色ばかりうかがう子」「無理をして人に合わせることで好かれている子」などではなく、本当の意味での「人に好かれる人物」に育っていただきたいのです。

そのために親としてどうすべきか、母親はどんな習慣を持つとよいのか——。こうしたことについては、次章から具体的に解説していきます。

人に好かれる「素直な子」と「人の言いなりになる子」もまた別物

「人に好かれる性質」を養ううえで重要になってくるのは「素直さ」だと前述しましたが、この「素直」というキーワードも、「人のいいなりになる子」「自分の意見を持たない子」「個性のない子」として、どこか好ましくないイメージを持つ人もいるのではないでしょうか。

しかし、これもまた間違いだと言わざるを得ません。

私がいうところの「素直さ」というのは、決して「人のいいなりになる」「自分の意見を持たない」「個性がない」といった類のものではなく、「物事をあるがままに素直に受け入れられる力」と「人のアドバイスを素直に聞き入れられる耳」を指しています。「柔軟性」と言い換えると、わかりやすいかもしれません。

「物事をあるがままに素直に受け入れられる力」とは、**生きていくうえで起こる失敗やつらい感情もふくめた現実を受け入れ、あらゆる事柄を自分の中で咀嚼し吸収する力です。**生きていくうえで起こるさまざまな事柄や、思ってもみなかった突発的なことを含めて現実として受け入れ、そこから何かを学びとる力は、「子どもに幸せな人生を送ってほしい」と願うのなら、ぜひとも養わせたい大切な要素です。

こうした力を持てないと、「物事は〝正解〟と〝間違い〟の2つしかない」と決めつけるような、多様なものの見方ができない「完璧主義者」に陥ってしまいます。「完璧主義者」は自分の考え方が正しいと思い込むため、間違いを認めてそこから何かを読み取り、学習することができません。そのため、いつまでたっても感情的に物事をとらえてしまい、成長することができないのです。

物事をあるがままに受け入れられる「素直さ」は、人間が大きく成長するうえで欠かせない資質だという点を、まずはしっかりと認識しておいてください。

また、「人のアドバイスを素直に聞き入れられる」というのも、子どもによい人生を歩ませたいと願うなら、欠かすことのできない力です。

自分の実力だけでは立ち行かない事態に陥ったり、思わぬ壁にぶつかることは、人生において何度となくあります。そうしたとき、**自分の考えだけに固執することなく、周囲のアドバイスを素直に聞き入れられる耳を持っているかどうか。**

これによって、人生が大きく変わってきます。素直さのないひねくれ者タイプや、前出のかたくなな「完璧主義者」の場合、人生の岐路に立たされた際、周囲からいかに有益なアドバイスを寄せられても、「自分の考えこそが絶対正しい」とばかりに、聞く耳を持ちません。その結果、ひとりよがりの狭い考えだけですべてを判断し、間違った方向に進んでしまうのです。

「人のアドバイスを素直に聞き入れられる」という資質も、幸せな人生を送るのに極めて重要な意味を持っています。こうした「素直さ」もまた、ぜひとも子どもに養わせたいもののひとつです。

人の意見を聞きつつ、しっかりした自分の意見を持つ

最近の子育てでは、人との協調性より個性を重視し、人を押しのけてでも自分の意見がハッキリ主張できることをよしとする傾向があるように感じます。つまり、「人の意見に素直に従う」ことを、どこか好ましく思わない傾向があるのです。

同時に、〝信念を曲げずに我が道を行くこと〟を必要以上にもてはやし、人のアドバイ

スを聞いて考えを変えることを否定するような風潮が感じられます。これは、国際化の流れの中で外国人との関わりがこれからも増えていくという予測が、大いに影響しているのかもしれません。実際、押しの強い外国人とやっていくには、率先して自分の主張を出してアピールすることが重要です。しかし、外国人は自分の意見を主張すると同時に相手の言うこともよく聞き、納得できれば相手の意見も取り入れます。

昔から日本は農耕文化で、助け合わなければ稲の収穫ができませんでした。そんなことから、〝和〟や〝ガマン強さ〟を重んじるのが日本の伝統であり、美徳でした。しかし、昨今ではそうした伝統を、「人の目ばかり気にしている」「自分の意見を押し殺して人に迎合する」として、否定するような考え方が浸透してしまいました。

もちろん、自分の意見をしっかり持つというのはとても大事なことですが、「人の意見を聞く耳を持っている」というのもまた、幸せな人生を送るうえで非常に重要な意味を持っているのです。また、**「自分の意見をしっかり持つこと」と、「人の意見を聞く耳を持っていること」は決して相反するものではありません。**むしろ、自分の意見をしっかり持ったうえで、なおかつ「人の意見を聞く耳」を併せ持っている人こそが、「好かれる人」になるというわけです。

ここで、なぜ幼児期に愛情を持って子育てをして、なおかつしつけをしなければならないのか、その理由をお伝えしましょう。

人類が二足歩行を始めた400万年前から蓄積されてきた遺伝子記憶は、感性によって引き出されます。つまり、感性が鈍いとどんなにすばらしい遺伝子記憶があっても引き出されないままになってしまうのです。

現代人は視覚に頼りすぎており、それ以外の聴覚、触覚、嗅覚といった感覚の遺伝記憶を眠らせたままにしているので、情緒が奪われてしまっているのです。幼児期から五感を十分に働かせる子育てをすれば感性が豊かになり、「人に好かれる」青年に育つのです。

ここからは、私が過去に接した数多くの学生たちから3つの事例を挙げ、彼らの姿を通して「しっかりした自分の意見」と、「人の意見を聞く耳」の両方を併せ持つことの大切さについて説明していきましょう。

case 1

「人の意見を聞く素直さ」を持っていないS君

いつも忙しくて家にあまりいない地方の名士の父親と、専業主婦で自分の楽しみを優先させるタイプの母親を持つS君。彼は子どものころから医者になることをなかば当然のように強制され、そのためか「成績さえよければ何をしても許される」といった環境で育ってきました。

そんなS君、成績は抜群によかったのですが、その分プライドも高く、また親にあまり手をかけてもらえませんでした。一方、お金やモノの面では豊富に与えられて育ってきたため、人の立場に立ってものを考えたり、人の意見を聞くという柔軟さに欠けているところがありました。

当時担任だった私は、「医者になれさえすればいい。クラスメートと仲良くすることに意味はない」といった様子のS君が心配でなりませんでした。「自分を抑えて、人と協調することができないとダメだよ。医療はチームでやるものだから、その考え方は改めた方がいい」と何度となく話をしましたが、「僕には僕の考えがあるんです」と、まったく聞き入れてはくれませんでした。

ただ、「医療はチームでやるものだ。医者になりたければチームプレイに慣れておきなさい」と、何かのクラブに入って部活動することをすすめたところ、その助言には従ってくれ、S君はある運動クラブに入部しました。

しかし彼は部活動でも自分勝手な行動が多く、上級生の言うことをまったく聞こうとしません。気に入らないことがあると黙って帰ってしまったり、トラブル続きで結局クラブを辞めてしまったのです。

私自身、そしてクラブの仲間たちも、ガマンしてもう少し続けてみるようずいぶん説得しましたが、彼はそうした助言には一切耳を貸すことがありませんでした。

部活動での勝手な振る舞いもあってS君の友人はだんだんいなくなり、ひとりで過ごすことが多くなりました。それでもS君は学力だけは高かったためよい成績で卒業し、ストレートで国家試験に見事合格を果たして、念願の大学の医局に進みます。

しかし、「僕には僕の考えがあるんです」という彼のかたくなな姿勢は変わらず、自分勝手な行動ばかりを重ねるので、結局は医局に居づらくなって、勤務していた病院を辞めざるを得なくなってしまったのです。

「自分の意見をしっかり持つ」のは大切なことです。しかし、S君のようにそれが度を越してしまい、人のアドバイスを聞けないかたくなさや利己主義に結びついてしまうと、人からはそっぽを向かれてしまいます。そして、せっかくよい人生を送れる条件に恵まれていても、自分からすべてを台無しにしてしまいかねないのです。

case 2

「自分の意見」や「将来の展望」を持っていないK君

父親は国立大学出身の開業医、母親はその病院の手助けをしている兼業主婦です。彼は幼いころから父親に厳しく育てられ、父親のいうとおりに行動してきました。また母親もそんな父親の方針に従い、何でも先回りして手をかけ、K君の意志にはおかまいなしにレールを敷き、それに沿って進むことを強いてきました。

口うるさく厳しい父親と、それにしたがって日ごろから行動を管理する母親に抑えつけられたK君。だんだん委縮してしまい、自分の意見をあまり持たない、気力のないタイプに育っていってしまいました。

私立中高一貫高のとき、彼とは何回も面談を重ねましたが、何を聞いても反応に乏しい感じでした。たとえば勉強方法について「そんな方法ではダメだよ」と言うと、「そういわれても、どうすればいいかわかりません」と言う。「君の話を聞いていると、人のノートを写して、暗記しているだけだ、勉強と言うのはそうではなく、自分で意味を理解し、自分の言葉でまとめなければ、大量の情報に対応できないよ」と言うと、「自分でまとめるといっても、まとめようがない。だから人のノートを写して、覚えるんです」と言う。

他の話題でもやはり同じで、こちらが一方的に話すばかりで面談が成り立たないことが多い学生でした。

K君は成績があまり思わしくなかったのですが、どうやら親につけてもらった家庭教師の言うとおりに問題を解くだけで機械的に勉強してきたため、勉強の仕方自体がわかっていないようでした。

そこで私は週に2回、勉強のやり方自体をイチから教えるために、1対1の補修授業を提案してみました。それは今まで彼が行ってきた試験に出そうなポイントだけ丸暗記する方法ではなく、「講義のノートを取り、それに教科書も加えてまとめる」「自分で内容の意味を考えながらまとめる」ということを主眼としていました。

K君はこの提案に応じ、それから週2回私の補修授業を欠かさず受けるようになりました。その後、本来の勉強法を少しずつ身につけたK君の成績は上昇していったのですが、もう一つの目的である「将来のことも考えながら勉強する」という習慣にはなかなか結びつきませんでした。

勉強が一段落した時、「将来どのような医師を目指しているのか」、「そのために何かやることはないの？」などと問いかけましたが、それに対しては相変わらずの反応でした。しかし、補習内容に関する感想や意見を求めると、「少しずつまとめ方とか、どこが大切なことなのかがわかるようになりました」という反応が出るようになりました。

学年が上がるにつれ先輩や紹介した医局の教員からも指導を受けるようになり、大学を卒業していきました。この間母親は何回か顔を出し様子を聞きにきましたが、父親は一度も大学へ顔を出さず、子育てはすべて母親任せで、本人は厳しく言うだけでした。

K君は親の言う通りに行動し、親が決めた道を進むことにすっかり慣れてしまい、そのことに疑問を持つことすらなく大学へ入学しました。大学へ入り自ら勉強しなければならなくなったとき、どうしたらよいかわからず、同級生や先輩にも聞けず戸惑いながら大学生活を送らざるを得なかったようです。

それでも人のアドバイスにようやく耳を傾けるようになり、だんだん通常な生活を送れるようになり、人生が開けたのは幸運なことだったといえます。もしかしたら、補習をしていた時の「自分の頭を働かせ、自分の意志を持って、人生を進んでいく」ということにその後気がついて、彼の人生は新しい展開を見せているかもしれません。

K君は卒業後大学の内科に残り、しばらくして自宅へ帰り開業医として診療に当たっています。相変わらず父親の指導を受けながら診療を行っているかもしれません、あるいは苦しい勉強の時を思い出し、積極的に診療に励んでいるかもしれません。

case 3 人の意見を聞いて人生を好転させたY君

もうひとつはいい例です。

父親は開業医、母親は元教師というY君はひとりっ子で、幼いときから母親にかわいがられて育ちました。父親は患者さんからの評判もよい腕の立つ温厚な医者で、毎日忙しくしてはいましたが、それでも休日ともなるとY君に多様な体験をさせるべく、さまざまなレジャーに連れて行ってあげる理想的な父親だったようです。

そんなY君は、人に対して思いやりがあり、礼儀正しい行動ができる子でした。性格も茶目っ気があって人なつこく、いつもたくさんの友人に囲まれ、教師の目から見ても、何かと面倒を見てやりたくなるような、そんな魅力のある生徒でした。

その半面、Y君は少々飽きっぽく、楽しいことに流されがちなところも見られました。こうした性格は、実はY君のようにかわいがられて育ってきたひとりっ子によく見られる特徴。それでも、「何とかなるさ」といった楽観的思考と周囲の手助けもあり、彼は大きな苦労をすることなく大学まで進学します。

そんなY君が、定期試験のときに遊びすぎて勉強不足だったため、及第点をとれず追試験となってしまいます。このとき、しっかり勉強して追試験に臨めばよかったのですが、持ち前の楽観的な思考が悪い方に働いてしまい、さほど勉強せずに追試験を迎えることになってしまいます。

結果はもちろん不合格で、Y君は再追試験という瀬戸際に追い詰められることになってしまいました。

これを受けて、Y君は私のところに来て、「先生、あとほんの数点で通ったんじゃないですか。頼みます！　今回はオマケしてくださいよ」と懇願してきました。しかし私は、「ダメだよ。今、ここで私が見逃したら、君は先々もまた同じ失敗をすることになる。やるべきことはしっかりやらないと、自分にとって損になるということを、一度知っておいた方がいい」と、聞き入れませんでした。

彼はしばらく粘っていましたが、しぶしぶ引き下がり、その後は必死になって勉強をして、何とか再追試験はクリアしました。

あとで聞いた話によると、Y君は私のもとに来たとき、数点ぐらいのことだしオマケしてくれるものとすっかり思い込んでいたそうです。たしかに、愛すべき彼の人柄からすると、これまではそうした状況のとき、誰かが片目をつぶって見逃したり手を貸してくれたであろうことは想像に難くありません。

しかし、私はあえて厳しい態度で接しました。思惑がすっかり外れて崖っぷちに立たされた状態でなければ、彼は必死になって勉強しないだろうと思ったからです。

そして、このときに初めて、「抜け道を探ってばかりではいけない。やらなければダメなことというのは、世の中にあるんだ。そして、自分が本当に医者になりたいのなら、やはり勉強しなくてはいけない」ということに気づいたそうで、のちに「あれが僕の人生における、ひとつの大きな転機でした」とも語っています。

その後、彼はまじめに勉強に打ち込むようになり、難なく大学を卒業し大学院に進学していきました。そして、現在Y君は内科の開業医として活躍していますが、判断に迷うことや悩みがあるときは、今でも私に助言を求めて電話をかけてきます。

Y君のような教え子というのはやはりかわいいもので、私も彼によかれと思うアドバイスをし、そんなやり取りがもうずいぶん長い期間、続いています。

実力があり、患者さんからの信頼も厚く、地域でも評判の開業医となった今でも、判断に迷うことがあったら人にアドバイスを求めることができる柔軟で素直なY君。その姿勢は多くの人にとって好ましく、「彼のためによい方向に導いてあげたい」「面倒をみてあげたい」と思わせるものです。

彼はこれからも、ますます大きく成長していくでしょう。

子どもが〝本当の人生〟を歩めるようになるには

「人の意見を聞く素直さ」を持っていなかったS君は、他人からの親身なアドバイスをまったく受け入れず、自分の考えだけで突っ走ってしまいました。その結果、仲間との楽しい思い出のないさびしい学生時代を送った末に、医者としても大成することができませんでした。

それでも、私のアドバイスで部活動をする気になってくれたあのときに、もう一歩進んで自分の考えの狭さと、メンター（よき助言者）からのアドバイスを素直に耳に入れることの大切さに気づいてくれて、意識をガラリと変えることができれば、彼は医師として成功する可能性は十分あったのです。

また、2番目に登場したK君は、他人からのアドバイスに耳を傾けることはできましたが、それは実は「素直さ」ではなく、単に意見を持たないことによる「従順さ」によるものだったとも言い換えられます。

「しっかりした自分の意見」を持たず、ただ人の言うなりになるだけの「従順」な子というのは、決して魅力的とはいえませんし、何より、自分にとって満足のいく、〝本当の人生〟を歩むことができません。

そして、最後に登場したY君の例こそが、「しっかりした自分の意見」と、「人の意見を聞く耳」を併せ持つタイプです。魅力ある人柄が周囲を惹きつけ、彼を「面倒をみてあげたい」と見守っているメンターが、ここぞというときに有益なアドバイスを与えてくれる。

彼自身もそうしたアドバイスを咀嚼して自分なりに吸収することができ、より大きく成長をとげられる――。まさに、人に好かれる素直さを持ちながらも、「しっかりした自分の意見」を持つ、ひとつの理想像といえるのではないでしょうか

「素直さ」が持っている能力をぐんぐん伸ばす

我が子を「人に好かれる子」にしたいと願うのなら、まずは根っこの部分に「素直さ」を養わせたいものです。また、前出の3人の学生の例を見てもわかるように、素直な資質は人に好かれるというだけでなく、自身の持っている能力をぐんぐん伸ばしていくことにもつながっていきます。

素直な子はあらゆる事柄を吸収し、それを自分の成長の糧にする力を持っています。自

然の中で遊んでいるとき、葉っぱの香りや風の冷たさから何かを感じ取ったり、人とのつきあいを通して何かを学んだり、あるいは日常のさまざまな出来事から人生や社会における大事な何かをつかみ取ったり……。

豊かな感性を持っていると、あらゆることを自分なりに吸収して、成長していくことができます。素直な資質が養われているということは、「人に好かれる」と同時に、自身の能力を大きく伸ばすことにもつながるのです。

また、素直な資質を持つ子は、周囲の人に叱られても「自分のために叱ってくれているのだ」と本能的に理解しています。「人は信頼に値するもの」との意識が、しっかり根づいているからです。

素直な資質というのは、周囲から目いっぱいの愛情を注がれて育つことで養われます。

同時に、幼少期に親やまわりの人からかわいがられ、愛情を注がれると、「人への信頼感」も培われるのです。

「人というのは信頼に値するもの」という人への信頼感が根づいていると、周囲の人に叱られたり、厳しい苦言を呈されても、「自分のために叱ってくれている」と本能的に理解し、自然にその苦言を受け入れようと思えるのです。

苦言をきちんと受け入れられ、自分の足りないところや欠点にしっかり向き合える子が、大きく成長しないはずはありません。


反対に、素直ではないひねくれ者タイプの子は、人への信頼感が根本的に根づいていないため、周囲からの苦言やアドバイスを聞き入れることができません。本人のためを思って周囲が叱っても、「叱られた」ということに対して反発心をつのらせるだけで、自分の欠点に目を向けることができません。

本人にとって有益なアドバイスであっても受け入れられないのですから、本来なら伸びていくはずの能力も、当然ながら頭打ちになってしまうわけです。

さらに、こうしたひねくれ者タイプの子が不幸なのは、社会に出たときに助けてくれるよきメンターが現れないことです。ひねくれ者タイプの子には、それでも学生時代までは叱ったりアドバイスを与えてくれる先輩や教師がいるかもしれませんが、**一歩社会に出ると、本人のためを思って助言をしたり面倒を見てくれる人がいなくなってしまいます。**

本人のためにと叱咤《しった》激励し助言を与えても、反発するばかりでまったく聞き入れてくれないのですから、それも当然の話です。

これは本人にとって、とても不幸なことと言わざるを得ません。

人の言うことを素直に聞けない性格になるのは、どんな理由からでしょうか?

子どものころに愛情が薄かったり虐待された子は、ひねくれて他人の言うことが聞けない、または素通りしてしまう頭脳になってしまう可能性があります。その結果、自分を守るために殻にこもってしまうのです。

こうした人は職場や学校などどこにも存在し、同僚や他の生徒に悪影響が出ます。個別に指導してもなかなか直すことができません。

他人からのアドバイスを真摯に受け止められ、何かと相談を持ちかけてくるような素直なタイプにこそ、よきメンターが現れます。「なんとか、この子の人生をよい方向に向かわせてあげたい」「面倒を見て、一人前にしてあげたい」と思わせるのは、やはり他人からのアドバイスを素直に受け入れられる子です。

社会に出たら、自分ひとりではどうにもならない事態はいくらでも起こります。自分の足りないところに自分自身で気づくことができず、迷走してしまうことも多いはずです。そういうときに助けてくれるのは、上司や頼りになる先輩、あるいは見識を備えた知人といったよきメンターのはずです。

よきメンターに恵まれるかどうか。それには、素直な資質を持っているかが大きく関係しているというわけです。

よい遺伝子を「ON」にするのに大切な前向き思考

「素直な資質」が大事なのには、もうひとつ大きな理由があります。素直な資質は本人の持つよい遺伝子をONにしやすく、潜在的な優れた能力を開花させやすいのです。

人間には親から受け継がれたよい遺伝子と、あまり好ましくない遺伝子が眠っています。

親御さんご自身と、そのパートナーの長所と短所を思い浮かべると、わかりやすいのではないでしょうか。

父親の「温厚でおおらか」なところと「ずぼらで気弱」なところ、母親の「社交的で優しい」ところと「そそっかしくて飽きっぽい」ところ。ごく簡単に説明すると、この長所がよい遺伝子に、短所が好ましくない遺伝子に相当します。

そして、子どもというのは、親やその先祖からの遺伝子を受け継いでいます。このたくさんの遺伝子のなかからONになった遺伝子が発現し、本人の性格を形成しているのです。
つまり、子どもによい性質を根づかせたいと考えるなら、**よい遺伝子をONにし、好ましくない遺伝子はできるだけ眠っておいてもらうのが理想、**というわけです。

また、よい遺伝子というのは、すでに発現しているよい資質に引っ張られる形でONになることが多いものです。「素直な資質」こそが、こうしたよい遺伝子をONにする可能性が高いのです。

それはなぜか。素直な性質というのは、物事をあるがままに受け入れ、そこから学んで前へ進んでいこうという、前向きな考え方に直結しています。大きな失敗をしてしまったときでもその失敗を素直に受け入れて自分の糧にし、また挑戦する意欲にもつながっているのです。こうした前向きな考え方というのは、自身の中で眠っているよい遺伝子をONにし、発現させます。つまり、良い性質というのは、前向きな考え方によってどんどん生まれ、伸びていくものなのです。

子どものなかに眠るよい遺伝子をONにし、好ましくない遺伝子はなるべく発現させせない――。これが子育てにおけるひとつの理想図、というのが私の考えですが、それを目指すときに、「素直さ」というのはひとつの大きなポイントとなりうるのです。

「人に好かれる」とはどういうことか、どんな資質が最も重要になってくるのかについて、私の考えを語ってきましたが、いよいよ次章からは、「人に好かれる子」にするために、親としてはどういう習慣を持つべきかについて、詳しく探っていきましょう。

第2章

いい人生を歩ませるために必要な7つの性質

親自身の行動が変われば子どもも変わる

我が子に「人に好かれる力」を持たせるために、そして力強く人生を歩ませるために、親としてぜひやっておきたい習慣について具体的に説明していきましょう。

「はじめに」でも解説しましたが、私が過去に接してきた学生たちの例を見ても、人に好かれ、社会で成功したタイプの子には、以下の7つのよい性質が根づいていました。

①誰とでも陽気に話ができる
②ユニークな発想力に富み、話が面白い
③何にでも興味を持てる
④ガマンする力があり、地道に努力できる
⑤人の先頭に立って、物事を進めて行けるバイタリティを持っている
⑥優しい性格で、人の気持ちを思いやれる

⑦素直な性格で人なつこく、柔軟性がある

この7つの性質を我が子に養わせたいと願うなら、親は何を心がけ、子どもにどう接していけばよいのでしょうか。

それには、**まず「子どもに根づかせたい性質」を親自身が持つことです。**特に幼児は、よいことも悪いことも含めて、無意識のうちに親と同じ行動を取ります。お子さんを持つ親御さんのなかには、子どもが幼稚園や保育園などで親そっくりのおませな口調で話をしたり、ままごと遊びなどをしているのを見かけたことがあるかもしれません。子どもは普段から一緒にいる親のマネをし、親を見本として育っていくものなのです。

ですから、子どもによい性質を根づかせたいと思ったら、まずは親自身がそうした性質を持ち、行動することを心がけるのが近道というわけです。

では、子どもに根づかせたい性質を親自身が持ち、行動していくという前提をよく理解したうえで、「人に好かれる力」につながる7つの性質を養う方法について、順に解説を

していきましょう。

①「誰とでも陽気に話ができる」という性質を育む方法

陽気で誰とでも屈託なく話ができる子というのは、万人に好かれ、受け入れられます。こうした人物には、誰もが「この人と一緒にいたい」と思うような力があります。場の雰囲気を明るくしてくれるため、さまざまな誘いを受けることも多く、また自分自身も人とのつきあいを大いに楽しむことができます。

子どもをそんな大人に育てたいと願うなら、まずは母親自らがニコニコと話をし、人との会話を率先して楽しめるようになるのが先決です。たとえば、近所の人に気軽に話しかけたり、スーパーで店員さんに気さくに話しかけたり、公園で別の親御さんに話しかけたり、時には友達を家に招いて楽しく話をしたり――。

そうした姿を子どもはよく見ているものです。**親が日ごろから人と気軽に楽しく会話する様子を見て育つ子どもは、自然と「人と話をするのは楽しいもの」「人と人間関係を築くのは楽しいこと」という意識になります。**

特に子どもが5歳ぐらいまでは、親はなるべく子どもと一緒に外へ出るようにして、いろいろな人とコミュニケーションを取って楽しんでいる姿を見せてあげてください。

とはいえ、なかには人と話をするのがどうにも苦手、という親御さんもいるかもしれません。親御さん自身が人見知りでは、やはり子どもは内向的なタイプに育ってしまうことにもなりかねません。「子どものために、無理をしてでも社交的になりなさい」とまでは言いませんが、それでもここは子どもの将来のため、と覚悟を決めて、笑顔で話に加わるぐらいのことはしてみましょう。

上手に話ができるとまではいかなくても、笑顔であいさつをし、ちょっとした雑談のときにニコニコと相づちを打つだけでかまわないのです。人とコミュニケーションを取るのは社会において大きな意味のあることであり、楽しいことなのだ、という事実を、親御さんの姿を通して、子どもにぜひ教えてあげてほしいのです。

笑顔のよい人は、まわりの人の気持ちをなごやかにします。そのような人の話は、ぜひ聞いてみたい気になるものです。

多くの友達と遊ばせてあげる

また、子ども自身もたくさんの友達と交わらせ、遊ばせるようにしてあげたいものです。多くの友達とつきあい、一緒に遊ぶことで、人と接することの楽しさや、人への信頼感、人間関係をつくるうえで必要なさまざまな事柄を、実感として学んでいけるからです。

特に幼少期は、家にいてテレビを長時間見せる、といったことは絶対に避け、なるべく外に出てたくさんの友達と遊ばせましょう。

外に出て自然の景色に触れることで感性は磨かれ、友達と遊ぶことで人と接する楽しさとコミュニケーション能力が養えるのです。

子どもとたくさんの会話を楽しむ

そして、「誰とでも陽気に話ができる」という性質を根づかせるうえで最も大切なのが、親御さん自身が子どもとできるだけたくさんの会話をすることです。

たとえ忙しくても、親御さんは一日のなかで時間をつくって子どもと向き合い、さまざまな話をしてください。たとえば、幼稚園や保育園の行き帰りの道などで、道草をしながらゆっくり時間をかけて子どもといろいろな話をする。

「道にかわいいお花が咲いているね」「今日はどんなことして遊んだの?」などの問いかけを会話のとっかかりに、楽しく会話を発展させてください。

また、子どもが自分で話をすることも上手に促したいものです。特に幼い子というのは、母親を相手に話をするのが大好きなもの。たくさんのおしゃべりを促し、「そうなの!それは素敵ね」「そんなに面白いことがあったのね」など、大げさに反応してあげましょう。そんな親の反応に子どもは大喜びで、さらにいろんな話をしてくれるはずです。

そうすることで、「人と会話をするのは楽しいな」「話をして人に喜んでもらうのはうれしいことだな」という意識が芽生えるのです。

たとえ家事で忙しくしているときでも、子どもが話しかけてきたら、ほんの少し家事の手を休めて子どもと向き合い、話を聞いてあげてください。テレビやスマホから目線を離さず、ずさんな相づちだけですませる、などというのは絶対にご法度です。

特に最近公園などで、スマホに夢中で子どもを放ったらかしにしている親御さんをよく見かけます。**子どもは、たとえひとりで好きに遊んでいるときでも、どこかで親のことを意識しているもの。**親が自分を見てくれていることがわかると、子どもは安心して自由に、のびのびと遊ぶことができるのです。

「子どもの前ではスマホを見ない」くらいの気持ちで、お子さんに意識を向けてあげてください。

周囲の人が楽しんでくれるとますます話上手に

親の習慣から子どもが人との会話に楽しさを感じ、人とコミュニケーションを取ることに対してよい印象を持つようになる――。すると、子どもは自分から進んで友達や近所の人、周囲の大人と会話をし始めます。

子どもの話を友達が楽しんで聞いたり、周囲の大人が目を細めて受け入れてくれると、子どもはうれしくなって、さらに人と話をすることを好むようになります。そんな経験を重ねていくことで、ものおじせず、誰とでも気兼ねなく話ができるという好ましい性質が養われるわけです。

「臆せず誰とでも陽気に話ができるので、人から受け入れられる。受け入れられた経験を重ねることで、人と楽しく会話をする能力がますます磨かれる」――。

このような構図に見られるように、実はよい性質というのはそれによって人から受け入れられたり、ほめられることにつながり、そうするとますます磨き上げられていくものなのです。「よい性質の好循環」といったところでしょうか。

そんなことからも、子どもによい性質をしっかり根づかせたいと願うなら、できればまだ幼いうちから親御さんは愛情を込めていろいろと手をかけるのが、実は最も望ましいことなのです。

②「発想がユニーク」「話が面白い」という性質を育む方法

ユニークな発想ができ、話の面白い人というのも、人から好かれます。話術が巧みでユニークな発想ができる人は一緒にいて楽しく、多くの人がその魅力に惹きつけられて寄ってきます。

あなたのまわりにも、言うことや発想が面白く、その場を盛り上げるムードメーカーのようなタイプの人がいないでしょうか？　そうしたタイプの人は、多くの友人に囲まれ、絶えずさまざまなレジャーや会合の誘いを受け、楽しい生活を送っているはずです。

この幸せな性質を自分の子にもぜひ根づかせたいと願うなら、まずは子どもの好きなようにのびのびと遊ばせ、親御さんはその様子を見守ることです。そのうえで、子どもが何か面白いものをつくったり新しい発見をしたとき、ちょっとした成果を上げたときにはそれを見逃さず、思いきりほめてあげてください。

「面白いものをつくったね！」「すごいことを発見してきたな」「そんなことまでできるようになったの。すごい！」と、その場で驚きをあらわにして、ほめてあげましょう。

すると子どもはうれしくなって、さらに面白いものをつくろうとします。いろいろな観察をして、親に報告しようとします。さまざまなことにすすんで取り組み、親をもっと驚かせようとします。**子どもというのは、ほめられると「もっとほめてもらいたい」と考え、自分からすすんでいろんなことに挑戦していきます。**

これが、「豊かな発想力」につながるのです。


とはいえ、子どもを好きなように遊ばせておくと、時に悪ふざけに発展することもあります。クレヨンで壁に大作を描いてしまったり、ドカドカと近所に響きわたるほどの大きな音を立てて何かのトレーニングに励んだり、障子全部に穴をあけてしまったり……。

こうした様子を目にすると、親としてはつい雷を落としたくなってしまいます。

しかし、そこで「そんなイタズラやめなさい！」といきなり怒鳴りつけるのではなく、「大胆な作品を描いたものだな」「ずいぶん上までジャンプできるようになったのねぇ」と、まずは感心している様子を表してみましょう。

そのうえで、生活上での守るべき規律として、「でも、壁に絵を描くのはよくないな」「あまり大きな音を立てると、ご近所に迷惑なのよ」「障子に穴を開けてしまうのはまずいぞ。今度からやめておこうね」と、**言うべきことはきちんと注意はします。**

子どもがハメをはずして遊んでしまうのは、ある意味で自然なこと。そのときに親がカッとなって、「落書きするな！」「うるさいぞ！」などと頭ごなしに叱りつけるだけでは、豊かな発想力は育ちません。

悪ふざけを怒鳴りつけたくなる気持ちはわかりますが、まずはグッとこらえ、そうした子どもの悪ふざけのなかからほめられる要素を見つけてあげるようにしましょう。

子どもはさまざまな体験をすることで何かをなしとげ、新しい発見をし、時には新しい遊びを作り出したりするのです。

面白い話に親は大げさなくらい反応する

同様に、子どもが何か話をしたとき、それがユニークだったり楽しい内容であれば、大いに反応してあげてください。面白い話をする能力、話術の巧みさは、「面白いことを考えるものだね」「そんな面白いことがあったのね。お母さん、あなたの話を聞いて笑っちゃったわ」とほめられることで、ぐんぐん伸びていきます。よく見かけるクラスのムードメーカー君は、ひょうきんな言動をしてみんなにウケることで、ますますその〝芸〟が磨き上げられていくのです。

お笑い芸人のようにお笑いのスキルを磨け、と言いたいわけではありません。「面白いことを考えつくものだな」「あなたの話は楽しいわ」と周囲からほめられることで、子どもは「今日はこんなことがあったから、お母さんに話してみよう」「あの話をみんなにしてみよう」と考えるようになり、人と会話することの楽しさや喜びを実感します。

そして、子どもの話を聞いた友達が喜んだり、ユニークな話を聞いて周囲の大人がクスッと笑ってよい反応をする、といった経験をたくさん重ねていくうちに、豊富な話題を持ち、楽しい話ができる能力が磨かれ、培われていきます。面白い話や豊かな話題を周囲の人からほめられることで、そのよい資質がますます伸びていくという、正に「よい性質の好循環」が起こるというわけです。

むやみやたらとほめあげるのも考えもの

このように、「面白いものを作ったとき」「新しい発見をしたとき」「ちょっとした成果を上げたとき」や「面白い話をしたとき」には大いに反応し、ほめてあげることが何より大切なことです。

とはいえ、「ほめた方が能力が伸びる」として、**むやみやたらとほめる、というのはNGです**。特に昨今の子育て事情では、「ほめて育てる」として、子どもがやることを何でも称賛し、ほめそやすことをよしとしている風潮がありますが、これは間違いといわざるを得ません。

子どもが何をしても、「すごいぞ」「よくできるわねー」と、やみくもにほめるのでは、「オレは何をやってもデキるんだ」「私のやることは全部すごいのね」と間違った意識を植えつけてしまうことにもなり、結果、プライドだけが高いけれど実力のともなわないタイプに育ってしまいかねません。

また、子どもといえど、「とにかくほめておけばいい」といった、実感のこもらない〝おせじ〟には、やはり気づくものです。

何でもかんでも、やたらとほめればいいというものではありません。本当にすごいものを作り上げたときや、親自身が本当に「おや」と感じるような発見をしたとき、本当に面白い話を披露してくれたときだけ、大いにほめあげるのです。

子どものなしとげた〝すごいコト〟には大きく反応してほめてあげるべきですが、優れた要素がないのにおざなりにほめるのでは、「豊かな発想力」「面白い話をする能力」には到底結びつきません。

③「何にでも興味を持てる」という性質を育む方法

好奇心たっぷりで、何にでも興味が持てる人は、常に生きいきとしていて魅力のあるものです。お子さんにそうした性質を身につけさせたいと考えるなら、いろいろな場所に連れ出し、さまざまな体験の機会を与えてあげましょう。

家に閉じこもりっきりでテレビばかり見せていたり、外の空気に触れていろいろなことを吸収する経験が少ないと、やはり興味の幅はなかなか広がりません。

また、子どもには「本を読む習慣」をつけさせると、間違いなく興味の幅が広がります。本には、世の中のありとあらゆる事柄が詰め込まれています。この「知識の宝庫」ともいえる本を子どもに与えて好きにさせるのが、好奇心豊かで何にでも興味の持てる性質を根づかせる近道だとすらいえます。

子どもが本を好きになるためには、とにかく幼いころからたくさんの本を読んであげること。幼児期は、親自身がすすんで本を読み聞かせしてあげましょう。すると、まだ言葉をしゃべれない幼児は何度も同じ絵本を読んでもらいたがります。そして覚えてしまった内容をお母さんの前で繰り返すことで満足がいき、絵本が好きになるのです。そうするうちに、子どもは自分から本を読むようになります。

そうなったら、**親は「おとなしく本を読んでいるから」などといって放ったらかしにするのではなく、そばで見守り、その様子を観察してあげるようにしてください。**

そして、子どもが本に書かれていることに興味を持っている様子を少しでも見せたら、親御さんは「どんなことが書いてあるの？」「熱心に読んでるわね。面白い？」と、声をかけてみてください。子どもはきっと、頬を上気させてその内容を話してくれるはずです。自分が興味を持ったことを親御さんが熱心に聞いてくれることで、子どもは次第に「物事に興味を持つことの楽しさ」を実感していきます。

子どもの興味が強くなってきているのを感じたら、その興味を伸ばせるように、上手に働きかけをしてあげるといいでしょう。たとえば、子どもが絵本の中の青虫に興味を持っているようなら、実際に実物を見せて触れさせてあげる。料理の出る物語を熱心に読んでいたら、キッチンに立たせて一緒に料理をしてみる。宇宙の話を何度も読んでいる様子なら、望遠鏡で夜空を観察させてみる——。

子どもが興味を示した瞬間を親御さんは見逃さず、それを伸ばしてあげるのです。

逆に、子どもと一緒に外に出たときに、何かに興味を示している様子が見られたら、それに関係する本を与えてみてください。

花や虫に興味を示していたら図鑑を与えたり、電車を熱心にながめていたら電車を題材にした物語を読んであげるのもいい。豊富な知識が詰め込まれた本と実体験をつなげて、子どもの興味をどこまでも広げてあげるというわけです。

子どもが「本のある生活」を自然なものと感じ、日常的に本を読む習慣がつくことで、幅広い好奇心が養われるのですが、そのためには、**日ごろから親御さんが本を読んでいる姿を見せてあげるのも大事なことです。**

わが子を本好きな子にしたいなら、まずは親自身が本好きになり、よく読む習慣をつけるのが最も効果的です。そんな親の姿を見ているうちに、子どもには「本を読むというのは自然なことなんだ」「本というのは楽しいものなんだ」といった意識が根づきます。

そうなったら、自らすすんで本を読むようになり、本を通してさまざまなことに興味を広げてくれるはずです。

興味の〝見きわめ〟も肝心

興味を伸ばすための働きかけをすることが大切だと説きましたが、一方では、このとき「やりすぎない」ということも重要です。子どもがほんの少し関心を示しただけで、すぐに博物館だ、登山だ、観測グッズの購入だ、と子どもを引っ張り回してしまうのは、ちょっと考えものだということです。

私が過去に接した学生で、次のような例がありました。

N君の父親は物事を徹底して行うタイプで、子どもがわずかでも興味を持ったことに素早く反応し、いろいろなところに連れ出して引っ張り回したり、教育的なものなら何でもすぐに買い与えていたそうです。

N君が馬の図鑑をじっくり見ていたらその週末には乗馬に連れて行き、星の話をしたらすぐに天体望遠鏡を与え、ロボットのテレビを見ていたらロボット工学の講座を申し込んでしまう――。親から、あれもこれもと差し出されてきたといいます。

そんなN君が好奇心旺盛なタイプや、あるいは興味を持った何かにじっくり取り組むようになったかというと、残念なことにまったくの正反対。中学に入ったころから、N君は何に対しても興味を示さなくなってしまったのです。

子どもの興味というのは、常に目まぐるしく変わるもの。ほんのちょっぴり関心を示したにすぎないのに、親が舞い上がってあれもこれもと与えられていては、子どももうんざりしてしまいます。そのうち、興味を持つこと自体について、どこか〝面倒くさいこと〟と感じてしまいかねません。

子どもの興味の度合いを冷静にうかがい、「この興味の示し方はちょっと違うぞ」と感じたら、「今度、博物館に行ってみる？」「望遠鏡で見てみるか？」と声をかけて、本人がさほど乗り気ではないようなら先送りにする。これくらいの、ほどほどの対応を心がけてください。

どんなことに興味を示してそれをどう伸ばしていくかは、あくまでも子どもが主体の話。親は子どもが望むならその興味を伸ばす機会を与えてあげるサポート役にすぎない、とわきまえて、「やりすぎない」働きかけをすることが肝要です。

「なんで？」の問いにはすぐに答えを出さない

子どもが「何にでも興味を持てる」ようになるために、ポイントとなることをもうひとつ、お教えしましょう。

子どもがわからないことがあったり、疑問に思うことにぶつかったとき、親に質問してくることは日常的にあるはずです。子どもがまだ4～5歳ごろまでは、「なんで？」「どうして？」の声には、わかりやすく説明してあげてほしいのですが、**小学生くらいになった**

ら、**親はあえてすぐに正解を教えてあげないようにしましょう。**正解を見つけるヒント、手段をそっと与えるようにしてください。

特に最近はインターネットの発達によって、パソコンやスマホで検索すれば何でもすぐ答えが見つかります。しかし、こうしたツールですぐに答えを出すのでは、「調べて考える能力」を子どもに身につけさせることはできません。

疑問に思ったことを調べていく過程で、子どもはその周辺にあるさまざまな事柄を発見していきます。たとえ疑問に思ったことの答えから興味がそれてしまっても、「それもまたよし」です。これが「興味の幅が広がる」ということでもあるのです。

お子さんに「氷ってどうやってできるの?」と聞かれたら、氷ができる条件について講義をするのではなく、冷凍庫を開いて「試しに作ってみたら?」と声をかけてあげる。「車ってどうやって動くの?」と質問されたら、「お父さんも知りたいな。図書館に図鑑があるはずだから、調べてみようか?」と返す。親はすぐに答えを出してしまわず、サポート役になってください。

そうすることで子どもの興味の幅は広がり、さらにはいろいろなことに対して好奇心を持ち、調べる楽しさを覚えてくれるはずです。

④「ガマン強く、地道に努力ができる」という性質を育む方法

ガマン強く、地道に努力していける力というのは、華やかな魅力ではないながらも、社会に出て働くときに最も必要な力といって過言ではありません。また、文句も言わず粘り強く頑張っている人物というのは、何かと力になってあげたくなるものです。

特に、人を見る目がある大人物タイプの先輩や上司などは、陰で黙ってコツコツと前向きに努力している人のことを実はよく把握しています。そうした姿を好ましく思って何かと面倒を見てくれたり、時にはここぞというときに引き立ててくれたりするものです。

実際、静かに努力を重ねている人には、誰でもどこか応援してあげたくなるものではな

いでしょうか。

これは、「上司に気に入られるために、地道に努力しなさい」と言っているわけではありません。ただ、「ガマン強く地道に努力する力」は、目立つ魅力ではないながらも、多くの人が惹きつけられることだというのは間違いありません。

この力は、当然ながら本人のさまざまな能力を伸ばす元にもなります。勉強するうえでも、これはとても重要なことです。特に〝ガマンする力〟は、脳の大脳辺縁系に由来するもので、この部分が固まる前、まだつくられている途上段階である幼少期に、生活上でしっかりガマンをする力をつけさせたいものです。

では、こうした力を身につけさせるには、親がどういった習慣を心がければいいのでしょうか。


まずは、できれば3〜4歳ごろから、毎日の生活の中で必ず40分〜1時間、机に向かって何かにじっくり取り組ませてほしいものです。このとき、取り組むのは勉強でなくてもかまいません。5歳ごろまでは、お絵描きやパズル、プラモデルを作る、本を読むなど、机に向かって行うことなら何でも、本人の好きな遊びでＯＫ。

毎日一定時間、持続して何かに取り組むという習慣自体が、とても大事なのです。**「ガマン強さ」**や**「地道に努力できる力」**というのは、**毎日の積み重ねのなかから根づいていくもので、自然に身につくものではありません。**1時間、机の前に座ってじっと作業する訓練を積むというのは、たとえその作業が勉強でなくても、必ず勉強面でもよい効果となって表れてくるはずです。

毎日机の前に座らせて約1時間、何かに取り組ませてください。

遊びのなかでも何かをやりとげる習慣を

このほかに、普段の生活で子どもが何かに熱中し始めたら、それを最後までやりとげるよう習慣づけさせてください。たとえばブロック遊びに熱中しているとき、お絵かきをしているとき、あるいは空き箱を使って何か工作を始めたとき。そんなときには「遊びだから」と好き勝手に終わらせるのではなく、「せっかくだから全部やってみようか」「お母さん、全部できあがったのを見たい」などと声をかけて、できるだけ最後まで仕上げさせるようにしましょう。

また、子どもが熱中して何かを始めたら、親御さんは時々、その様子をそっと見に行ってあげてください（「おとなしく遊んでくれている間にご飯を作っちゃいましょう」という気持ちもわかりますが）。

子どもというのは、熱中して遊んでいるように見えても、どこかで親の目を意識しています。**親が見守ってくれているという安心感があるからこそ、熱中して長い時間、何かに打ち込めたりするものです。**そして、親の視線が自分から離れたことを敏感に察知したら、ひとりで何かに取り組んでいることが何だかつまらなく感じてしまい、作業の手を止めてしまうことが多いのです。

子どもがブロックに熱中して遊んでいるので、洗濯物を片づけようとその場をちょっと離れただけなのに、今まで脇目もふらずにブロック遊びをしていたはずのわが子が走り寄って抱きついてきた……。お子さんをお持ちの親御さんなら、何度となく経験したことがあるのではないでしょうか。

遊んでいる間もずっとつきっきりで、目を離さずその場にいなさい、ということではありません。ただ、その場を離れて家事を片づけていても、何度か様子を見に行き、「上手に作ってるわねー」「熱心に頑張ってるなぁ」と声をかけてあげるだけでいいのです。そうした何気ない声かけだけでも、子どもは親が自分に意識を向けてくれている、と感じ、安心して遊びに取り組めるものなのです。

もともと子どもというのは、特に幼児期は、単純な動きの遊びを何度も繰り返したり、積み木を積み上げてはくずすなどの反復行動を、飽きずに楽しめるものです。遊びのなかでこうした反復行動を重ねることで自分の能力を伸ばしたり、根気強く取り組む習慣を少しずつ身につけていくのです。

子どもが見事やりとげたら、大いにほめてあげる

子どもが何かに熱中して取り組み、見事な作品を作り上げたり何かをやりとげたとき、

あるいは新しい発見をしたときには、大いにほめてあげましょう。「すごい作品を完成させたのね！」「側転が10回もできるなんて、大したもんだ！」「あら、そのおもちゃ、そんな使い方もできるのね！」といった具合に、思いきりほめてあげてください。

そうすることで子どもは、集中して取り組んで作品を仕上げるうれしさや、何かをやりとげる達成感を覚えます。それと同時に、ほかのことに気を散らすことなく、物事に取り組める根気強さも、自然と身についてくるのです。

⑤「先頭に立って物事を進めていける」という性質を育む方法

リーダーシップは、多くの親御さんがわが子につけさせたいと考えている能力ではないでしょうか？「この人についていこう」「この人の言うことなら安心して従える」と他人に思ってもらえるためには、やはりあるレベル以上の「物事を進めていけるバイタリティ」が必要になってきます。

こうした有能なタイプの人というのは、どこにでもいるわけではありません。当然ながら、「人の先頭に立って物事を進めていけるバイタリティ」は、じつはなかなか身につけるのが難しいことなのです。

他の６つの性質については、親が愛情を込めて上手に働きかけをすれば、育っていくなかである程度は養われる可能性が高いのですが、この力は持って生まれた性質によるところも大きいようです。

それでも、自分の子どもをリーダーシップに富んだバイタリティのあるタイプにしたいと願うなら、まずは**どんな分野でもいいので、一番になれる「得意なこと」をつくってあげてください**。子どもの様子をよく観察し、性格的に向いていて本人もやる気があるものなら、親御さんは上手にサポートをしてその分野を思いきり伸ばしてあげましょう。

そのためには、やはり「ほめる」という行為がとても重要になってきます。

何か得意になれそうなことを見つけ、それを子どもが熱心にやり始めたら、親御さんはよく観察してほんの少しの上達も見逃さず、「ずいぶん上手になったね」とほめてあげてください。

このとき、気をつけてほしいのがそのほめ方です。第4章でも触れますが、「やっぱりおまえは上手だな」「才能があるな」などと本人がもともと持っていた資質をほめるのではなく、「前回と比べてここまで上達したのか。すごいぞ」といった、**〝本人の努力とその成果〟をほめてあげてください**。

持って生まれた才能の部分を称賛するほめ方では、「自分は才能があるから、やらなくてもデキるタイプなんだ」と、間違った認識を持ってしまいかねません。

上達したことを大げさなぐらいに喜びたくさんほめることで、子どもの中に「もっと上を目指そう」という意欲が生まれるのです。そうすることでいっそう上達し、「まわりの子どもたちの中では自分が一番だ」と思えるような、「得意なこと」がつくられるわけです。

先頭に立つ経験がリーダーシップをつくる

何かひとつでも他者より抜きん出て優れた能力があると、その分野では同年齢の子どもたちの上に立って教えてあげたり、引っ張っていくことにつながります。たとえばサッカーでも、友達の間で、「サッカーなら、やっぱりあいつが一番上手だな」と思われるようになると、いろいろな子がサッカーの技術を聞きにきたり、試合のときでもリーダーの役割を任せられるようになります。

そうなると子どもは自信を持つようになり、友達に教えてあげたり、自分自身もより上達するよう熱心に取り組むはずです。

そんな経験を重ねることで、「先頭に立って物事を進めていける力」が養われるのです。

「ボーイスカウト活動」をご存じでしょうか。最近ではちょっと下火になっているようですが、子どもたちに自然の中でたくさんの経験をさせることで、成長させていこうという昔ながらの集団です。

このボーイスカウトのカブスカウト（小学2年2学期〜5年）では、子どもたちにさまざまなチャレンジをさせます。スキーや工作、マッチなしで火を起こす方法、壊れた物の修理や写真撮影など、いろいろな経験をさせてそれをクリアすると、ワッペンがもらえます。このワッペンをほかの子より早く獲得できると、「僕はこの分野ではみんなの中で一番だ」と、子どもなりに晴れがましい気持ちと自信が生まれます。

また、このワッペンの数を子ども同士で競ったりもするのですが、一番になるとやはりうれしいようです。そうした晴れがましさを実感することで、「先頭に立ちたい」という意欲が芽生えるのでしょう。

各企業や政界などでも、トップに立つ者のなかにボーイスカウト出身者が少なくありませんが、こうした活動を見ているとそれもうなずける話だといえるのではないでしょうか。

⑥「優しく他人の気持ちを思いやれる」という性質を育む方法

優しくて思いやりのある性質というのは、親から受けとる「たっぷりの愛情」によって育まれます。かわいがられ、周囲から愛情を注がれて育った子は、自然と「優しくて他人の気持ちを思いやれる」性質が身につきます。

わが子がそうした性質を持つ人物に育ってほしいのなら、幼児期まではいっぱい抱っこをし、存分にかわいがってあげてください。子どもの中に他者と自分との区別が生まれ、他人への思いやりが芽生えるのは4歳ごろだといわれています。

それまでは自分のことしか考えられないのですが、4歳ごろからは、ほかの子が自分の遊んでいるオモチャをほしがったら貸してあげるような行動が出てきます。

しかし、この時期までに親がたっぷりと愛情を注いでおらず、不安定な子はなかなかそうした行動が出てこない、といわれています。**親や周囲から愛情をたっぷり受けると、子どもは常に満足した状態でいられ、それが他人を思いやれる余裕につながるのです。**

自分が本当に愛されていると実感し、満足することで、「あの子は今こうしたいのだな。自分は何がしてあげられるかな」と、相手の気持ちに立って、自分が何かをしてあげようという余裕が生まれるのです。

子どもには幼児期からとにかく愛情を注ぎ、たっぷり甘えさせてあげるのが「優しい子」を育てるうえで最も大切なことです。

「甘えさせる」と「甘やかし」の違い

しかし、「甘えさせる」のと「甘やかし」はまったく違います。

子どもに愛情を注ぎ、たっぷり甘えさせるのと同時に、生活をするうえでしてはいけないことをしたらきちんと叱るなど、しつけをすることは必要不可欠です。

「甘やかし」というのは、こうした必要なしつけをせず〝猫っかわいがり〟することで、これでは子どもはわがまま放題の自己中心的な子に育ってしまい、「他人を思いやる力」など養われるはずがありません。

社会生活をきちんと送れる人間に育てるためにも、日常の生活習慣をきちんと身につけさせ、社会的に問題のあるダメなことはダメとしっかり叱る。そうすることで、「大勢の人間がいる社会で生きるうえで、必ずしもすべてが自分の思う通りにはならない」「時にはガマンして自分を律する必要がある」という社会の中での生活を覚えるのです。

そのうえで、あとはたっぷり愛情を注いで甘えさせてあげましょう。難しいことのように聞こえるかもしれませんが、親御さんは叱るポイントを押さえ、あとはなるべく多くの時間、子どもと向き合うだけでいいのです。

まずは父親と母親の関係をよくする

「他人への思いやりがある子」に育てるのに、もうひとつ大きなポイントがあります。

過去に接してきた数多くの学生たちの例からわかった事実ですが、他人の気持ちを思いやることができ、人に好かれている子の多くが、「両親の仲がよい家庭の子」でした。

子どもにとって、父親と母親というのは最初に目にする人間関係です。この人間関係が好ましいものなら、子どもは他人とつきあっていくことを無意識のうちにポジティブにとらえます。そして、両親の関係性をお手本にしながら、少しずつ他人と関係について学び、より複雑な人間関係を結べるようになっていくのです。

しかし、子どもにとって最も基本的な人間関係である両親の仲が悪いようでは、ほかの人間と関係を結ぶことに希望を見出しにくくなってしまいます。そうなったら、他人を思いやる余裕など生まれるはずがありません。

お子さんに、「他人を思いやる気持ち」を持ってほしいと願うなら、父親と母親がいたわり合い、優しい気持ちで接する姿を見せるのが何より大事です。両親の仲がよく、お互いを思いやっている姿を常に見ている子は、自然と「人というのはこうやって、優しく思いやるものなんだな」「人はフォローし合って生きていくものなんだな」と、思いやりの心を育んでいきます。

⑦「素直な性格で人なつこく、柔軟性がある」という性質を育む方法

第1章で詳説しましたが、「人に好かれる人」が持つ力の根幹をなしているのは、やはり「素直な性格で人なつこく、柔軟性がある」という性質です。

こうしたよい性質を子どもに養わせるには、まず親自身も素直で、誰とでも話ができるようになっているのが望ましいといえます。

「誰とでも陽気に話ができる」性質の項でも説明しましたが、親御さん自身が他人と楽しく会話をしている様子なら、子どもも「他人と接することの楽しさ」を無意識のうちに覚えていきます。これが人なつこさを育むのです。

また、「素直さ」「柔軟性」という性質は、親御さんがたっぷり愛情を注ぐと同時に、のびのびと育てることで養われます。

愛情たっぷりにかわいがられて育つことで、子どもの中で他人に対する信頼感が自然と芽生え、人と接することに抵抗を覚えないようになります。**根っこの部分で人への信頼感が根づいていると、他人に対して素直な気持ちで接することができるのです。**

さらに、のびのびと育てることは、子ども本人が自分からすすんで物事にチャレンジしたり、さまざまな物を自分から吸収していくことにつながります。反対に、子どもを管理しようと締め上げるような対応をすると子どもは萎縮してしまい、心も頭もガチガチのかたくななタイプになってしまいかねないのです。

叱るべき部分はポイントを押さえてきっちり叱りながらも、普段はのびのびと、ある程度は子どもの好きにさせておく。そうすることで、子どもは自由に興味を広げ、さまざまなことを吸収することができます。

いろいろな体験をし、自分の頭で考えることで感性も磨かれます。そうしたさまざまな体験と、それによって何かを吸収することを繰り返して、「柔軟な性質」が育まれていくというわけです。

よい気質はどこまでも伸びていく

そして、「素直」「人なつこい」「柔軟性」といった気質もまた、「よい気質の好循環」で、一度根づくと、どこまでも伸びていきます。

素直で人なつこい子は、周囲からも受け入れられ、かわいがられます。すると、ますます子どもは人を好きになっていき、さらに多くの人に受け入れられていく。その結果、「素直で人なつこい」というよい気質が、どこまで伸びていきます。

「柔軟性」も、柔らかい感性と頭で物事をとらえることで、さまざまなことを吸収します。そうすることで、よりいっそう、あらゆる角度から物事を見ることができるようになります。その結果、「柔軟性」はますます伸びていくというわけです。

第3章

子どもが大きくなって後伸びするためのベースづくり

子どもの変化に合わせて親も接し方を変えよう

すべての親の究極の願いは、「子どもには幸せな人生を歩んでほしい」ということではないでしょうか。そのために、子どもには社会に出てやりがいのある仕事に就き、自分の役割をこなせる力を身につけさせたいもの。

そして、何より「人に好かれる力」を培わせたい——。こうした力を子どもが育んでいくために、本章では年齢ごとに親が心がけたい習慣を語っていきましょう。

アメリカの心理学者エリク・H・エリクソンは、0歳〜1歳半までは「基本的信頼を形成する時期」、1歳半〜3歳は「自立性をつける時期」、3歳〜6歳は「自立性が発生する時期」、6歳〜12歳は「勤勉性を身につける時期」、と定義しています。

これはまさにその通りで、生まれたての赤ちゃんのころから徐々に脳が形成されていくなかで、年齢を追って性質が固まっていくのです。これを踏まえて、それぞれの年代に応じた、必ずやっておきたい習慣を説明していきます。

乳幼児期のお母さんとの関係が人に好かれる性格の根幹をつくる

0~3歳のころは、特にお母さんとの関わりが大切な時期です。お母さんは常に愛情を持って子どもと接しましょう。子どものことをいつも愛情を込めた目で見守り、抱っこをせがまれたらすぐに応じてあげたいものです。

また、絶えず話しかけてあげるのも大事なことです。特に赤ちゃんのころは見つめ合いと語りかけ、そして触れ合いを繰り返すことで、母と子のきずなが形成されます。子どもが何か反応したり要求をしたとき、それに親御さんが温かくこたえることで、子どもは満ち足りた幸せな気分になります。こうした安心感があることで、外の世界に飛び出したり、人を信頼してコミュニケーションを取ることができるようになるのです。

この時期に最も必要なのは、子どもの反応に愛情を込めて何でもこたえてあげること。

特に、最も近い存在であるお母さんの働きかけが大きく影響します。0～3歳のころに、子どもが周囲からの愛情を実感できれば、「世の中は自分を受け入れてくれる」「人というのは自分を肯定してくれる」といった自己肯定感が芽生え、それが「素直さ」や「人なつこさ」といった、人に好かれる性質の土壌になるのです。

子どもが3～5歳のころ親が心得ておきたい習慣

3～5歳のころからは、変わらずたっぷりの愛情を注ぎながらも、自分のことは自分でして、日常生活がきちんと送れるようなしつけを始めていきます。

子どもというのは本来わがままなもので、大人がきちんと教えてあげないと欲求を抑えることができません。朝は決められた時間に起き、好き嫌いなく食事をする。身じたくや物の片づけなど、年齢相応に自分のことは自分でする。ガマンするべきときにはガマンができ、人の気持ちを考えて行動できる。

こうした習慣は、親がきちんとしつけをしない限り身につくものではありません。

「基本的な生活習慣がついている」「ガマンができる」「人の気持ちを考えて行動できる」というのは、人が社会生活を幸せに送るうえで、欠くことのできない条件です。

特に「基本的な生活習慣」をつけるというのは、自分を律する力である自制心にもつな

がります。早寝早起きや好き嫌いなく食事をする、といった習慣を身につけるのは、「まだ遊んでいたい」「あれはキライ、これが食べたい」といった欲求を上手にコントロールすることともいえるわけです。

そして、自分の欲求をコントロールできるということは、静かな場所では大人しくしていられるといった、その場に合ったふるまいができたり、ガマンすべきときにはガマンができる、ということにもつながっていきます。

これは、社会生活を送るのに必要なだけでなく、集団の中で人と上手につき合っていくのに大きなポイントとなる性質といえるでしょう。

この時期から親御さんが上手にうながして、まずは基本的な生活習慣を身につけさせ、自分のことは自分でできるようにし、同時に「ガマン強さ」と「人への思いやりが持てる」よう、少しずつ働きかけてください。

また、早寝早起き、好き嫌いなく食事を取る、身支度など、身の回りのことが年齢相応にできるようにさせましょう。

こうした習慣が身についているというのは、「人に好かれる」という以前に、きちんと生活をしていくうえでの最低限の条件といえます。前述したように、自分の欲求をコントロールする訓練という意味でも、毎日決められた時間に起き、きちんと食事をとるなどの正しい生活習慣を身につけさせるようにしてあげてください。

このようなことが身につくのは、脳の大脳辺縁系・視床下部というところで「情緒」「危機感」「表現・言語」「好き嫌い」「意欲・記憶」などを司っているからです。

これらは共感覚でつくられるもので、幼少時のお母さんの対応によってその基礎が形成されるのです。

20世紀後半からの現代人は目で見るものに頼りすぎるようになり、「聴・触・臭」といった他の感性による遺伝記憶を眠らせたままにしています。そのため、人間が本来もっている重要な働きを失ってしまった人が増えているのです。

幼児期から五感を十分にはたらかせる子育てをすれば、感性が豊かな「人に好かれる」青年に育つというわけです。

「おはよう」「ありがとう」「ごめんなさい」が言えるか

あいさつの習慣というのは、人間関係を築くうえでとても大切な要素。人との関係は「あいさつ」から始まります。「あいさつができる」というのは、コミュニケーション能力の基礎なので、子どもには日常のあいさつがしっかりできるよう、毎日の生活できちんとしつけてあげてください。

そのためには、まず親御さんが率先して子どもにはもちろん、近所の人や知人に会ったときにも元気にあいさつをしましょう。

また、「ありがとう」「ごめんなさい」を素直に言えるようにする、というのもとても大切です。こうした言葉は、「人の気持ちがわかる」ことにもつながります。

「〝ありがとう〟って言われたら、あなたもうれしいよね」「○○ちゃんは悲しい思いをしたと思うよ。そういうときは何て言えばいいのかな?」と、〝人の気持ちに立つこと〟を上手に教えながら、**「ありがとう」と「ごめんなさい」を自分からすすんで言えるように**

してあげてください。

これができるようにするには、3歳までの幼児時代に母親が愛情をもって育て、心からかわいいという感情を持ち、甘えを許して育てることが大切です。3歳から5歳くらいまでは一番最初の社会生活である家庭生活でのルールを作るようにします。そうすれば、小学校での少し広い社会でうまく生活するルールに抵抗なく入っていけます。また、皆と一緒に遊び、その中で自分の個性が芽生えてくるのです。

逆にいつまでたっても甘やかしていると、中学・高校で問題が起こるようになります。

間違えたことには教え諭す叱り方を

基本的な生活習慣をつけさせるには、間違えたことをしたらしっかり注意をすることが重要になってきます。とはいえ、感情的に叱り飛ばしたり、一日中お小言ばかりというのはもちろんタブー。厳しく怒鳴りつけて言うことを聞かせようとしたり、子どもをがんじがらめに管理するようなやり方は、絶対に避けるようにしてください。

厳しく怒鳴りつけられ、指示をされ、管理されて育つと、自分に対して自信が持てず、萎縮したタイプの子になってしまうことが多く見られます。絶えず否定され、あれもこれもと指示を与えられると、自分の頭で考えて行動することができなくなってしまいます。

その結果、外の世界に飛び込んでいくことができず、人と上手にコミュニケーションが取れない性質が育ってしまいかねません。

特に3~5歳の時期というのは、怒鳴りつけるような叱り方は、絶対にすべきではありません。この時期はまだ、つい間違えた行動をしたり、言われたことが上手にできないのは自然なことです。「今は根気強く教える時期だ」としっかり心得て、子どもに教え諭すような、〝厳しいながらもやわらかい〟叱り方を、心がけてください。

そして、日常生活をきちんと送るうえでやってはいけないことをしたり、人様に迷惑をかけることをしたときは厳しく言い聞かせるようにしますが、それ以外のところでは、多少のいたずらなどには目をつぶり、子どもの好きなようにのびのびと行動させてあげるようにしましょう。

親があれこれ口を出さず、ある程度は好きなようにさせながらも、基本的な生活の習慣は守らせる。そのうえで、ダメなことはダメと厳しく言い聞かせる。こうしたメリハリのある親の対応で、子どもは自分の持つ能力を自由に伸ばしながら、同時に「やっていいことと悪いこと」の区別もしっかりつくようになります。その結果として、誰からも受け入れられるような人物になってくれるはずです。

「お手伝い」は仕事をするうえで必要な意識を根づかせる

また、4～5歳からは少しずつ「お手伝い」をさせるようにするのが望ましいでしょう。家で決められた自分の役割を責任を持ってやりとげる習慣は、将来「自分に課せられた仕事をきちんとこなす」という能力に直結します。

こうした責任感というのは、人から信頼を受けるためには欠かすことのできない資質だといえます。「新聞を取ってきてちょうだい」「テーブルにおはしを並べて」といった簡単なことから始め、それを上手にこなしてくれたら、ほめて感謝してあげる。

子どもはほめられると喜び、「もっとほかにお手伝いすることはないの?」と、より難しい仕事に挑戦しようとするはずです。もちろん、親御さんはどんどんいろいろなお手伝いをお願いしてみてください。

こうしたことを毎日繰り返すうちに、「人にはやるべき仕事というのがある」「仕事は責任を持ってやりとげるべきもの」といった、社会で働くうえで必要不可欠な意識が、自然のものとして根づいていくのです。

毎日一定の時間、机に向かわせる

この時期から毎日一定の時間、机に向かって何かに集中するようにさせてください。お絵かきやぬり絵、工作、ブロックの組み立てなど、何でもかまいません。一定時間、机に向かって継続的に何かをやる、ということが大切なのです。

これによって、集中力やガマン強さ、地道に努力できる力が身につきます。こうした力は、やりがいのある仕事に就き、幸せな人生を送るうえで必要不可欠なだけでなく、人から信頼を受ける大きなポイントとなるものです。

10分程度からはじめて徐々にその時間を延ばすようにすると、無理なく、自然に習慣が根づきます。**小学校に上がるころまでに、学校の授業時間である「45分」を目安に机に向かえるようにしたいものです。**この習慣をつけておくことで、授業も集中して聞けるようになるうえ、のちの勉強習慣にもつながります。

外で遊ぶことが「人を惹きつける魅力」につながる

これは言うまでもないことですが、子どもは外でのびのびと元気に遊ばせるのが一番です。外の世界は子どもにとって、新しい発見にあふれていて、学ぶことだらけです。空の青さや風の心地よさ、緑の香りや花の色を五感で味わったり、思い切り走ったり飛び跳ねるときの身体感覚や、地面に座ったときの冷たさなど、**外で遊ぶことで受けるさまざまな刺激が、子どもの感性を磨き上げていきます。**

また、外で遊ぶというのは、常に冒険と新しい体験、新しい発見の連続です。こうした経験を重ねることで、何かに挑戦する意欲や新しいことを考え出す力、豊かな発想力、幅広い物の見方など、「人を惹きつける魅力」につながるさまざまな力が芽生えるのは間違いありません。

さらに外で遊んでいると、予想もしないアクシデントが起こるものです。草の上を走ってすべってしまったり、砂場で作っていた城がくずれたり、投げたボールが木の上に引っかかってしまったり、急に雨が降りだしたり……。そうした突発的な出来事に対して、自分の頭で考えて対処しなければなりません。

こうした経験からさまざまな事柄が吸収できるため、豊かな感性や多角的な物の見方、そして柔軟な心と頭がつくりあげられるのです。

豊かな感性は「人を惹きつける魅力」に、柔軟な考え方は「素直さ」や「人と上手に折り合うコミュニケーション能力」につながります。家の中に閉じこもって勉強ばかりしたり、あるいは既成のオモチャでお仕着せの遊びを繰り返したり、ゲームと向き合っているだけでは、こうした資質は決して養われるものではありません。

このことを、親御さんはよく知っておいてください。

人間は一人一人が独自な個性を持った存在であり、物事を感じ、考えて生活しながら、自分の思考、感情、行動を客観視する力を持っています。しかし、まわりの人との関係で生かされている存在であることを忘れ、あるいはそれに抵抗して自己中心主義・個人的合理主義に陥る人もいます。

「人間は、生かされながら生きている」ということがわかると、もっと人間らしく生きることができるはずです。それによって周囲への感謝と責任感が生まれ、本当の自分を生きることができるからです。

これができるのは、幼児の時に愛情をもって育てられ、自然体験から物事を受け入れることができるようになった成人です。

友達と遊ぶことで培われる「コミュニケーション能力」

子どもは外で遊ばせると同時に、できるだけたくさんの友達と遊ばせるようにしましょう。第2章でも説明しましたが、**多くの友達と遊ぶことで、子どもは「自分と人は違うものである」ということを理解します。**そして「仲よく遊ぶためには、時にはガマンもしなければならない」ということを自然と学んでいきます。それがやがて、人の気持ちに立って物事を考える「人への思いやり」となっていくのです。

人間関係を上手に築き、人と楽しく渡り合うコミュニケーション能力というのは、やはり小さいころからたくさんの友達と遊ぶことで育まれます。友達と一緒に同じ冒険をしたり、時にはぶつかり合ったり、あるいはグループの中で弱い子をかばったり、まわりから助けてもらったり……。

こうした友達同士の触れ合いから得られるものは、とても大きいのです。

自分の長所を大事にさせる

ちょっと興味深いこんな事実があります。ある調査によると、いろいろな国の小学生に自分の長所と短所を挙げさせると、日本の小学生は短所は数多く出てくるのに、長所についてはあまり挙げないそうです。これは、どういうことなのでしょうか。

「日本人はシャイで謙虚だから」という見方もできますが、じつは多くの家庭では、子どもの短所をあげてそれを直すようなしつけをしているからでは、と考えられるのです。

実際、親御さんが子どもを叱るときは、「散らかしてばっかりじゃなく、少しは整理しなさい！」といった具合に、その短所を改善するような言い方が多いのではないでしょうか。

また、日本の教育の現場でも、「努力して短所を直そう」という点を重視していて、国語が苦手な子には国語ばかりをやらせ、それを克服させようとするやり方が主流です。

こうした考え方をすこし変えて、親御さんはぜひ「長所を伸ばす」ことを念頭に置くようにしましょう。子どもが持つ優れた能力を伸ばすことで、それに引っ張られる形で独創力や、前向きな力、自分に対する自信などのさまざまなよい気質も培われていきます。

人前で発表するのが苦手な子に対して、「人前で話をする力」を人並みにすることに力を注ぐのではなく、「黙々と物事を進めていく力」の方を伸ばすようにしましょう。

すると「黙々と物事を進めていく力」が大きく伸びるのに引っ張られて、さまざまなよい気質が芽生えたり、苦手だと思われていたことも難なく克服できるようになる。これは、少し考えてみればすぐ想像できるはずです。

今や世界情勢が目まぐるしく変わり、安穏としていては日本もすぐ途上国に追いつかれてしまう時代です。日本では、昔から「出る杭は打たれる」という風潮が根強く、また、埋まっている杭を引っ張り上げて平らにならすことが尊ばれてきました。

しかし、これからの時代は「出る杭」をどこまでも伸ばしていくことが最も重要になっていきます。

あれもこれもと引き出しから物を出して片づけをしない子には「散らかさないで整理しなさい！」ではなく、「好奇心たっぷりなのね」とほめ（もちろん、片づけることもさせるべきですが）、国語が苦手な子には「国語を頑張りなさい！」ではなく、「あなたは算数の力がすごいから、国語がわかればもっと難しい問題にも挑戦できるよ」とうながす。そして、これこそが「ほめて能力を伸ばす」ということなのです。

オモチャの与えすぎはかえって逆効果

少子化の今の時代、子どもには両親とそれぞれの祖父母たちと、計6つの財布があるといわれています。それゆえ、オモチャや遊び道具が山のようにある、という家庭も珍しくありません。

しかし、あらゆる種類のオモチャや遊び道具を与えすぎるというのも考えものです。たくさんあればあるだけ子どもの興味の幅が広がり、多方面の能力を伸ばしてくれるきっかけになるのでは――、と思うかもしれませんが、むしろ逆効果だとすらいえます。

たくさんの遊び道具が並んでいると、かえって子どもはそのどれにも興味を持たなかったりするもの。新しいオモチャを買ってあげたのに子どもは少し遊んだだけであとは見向きもせず、どれもオモチャ箱の中でほこりをかぶっている……。本書を読んでいる読者の親御さんのなかにも、こうした図が思い当たる人も多いのではないでしょうか。

子どもというのは、日常に必要な物しかない部屋や、遊具のない広いだけの原っぱといった、〝親切なオモチャ〟がない方が、自分なりに工夫をして遊びを編み出すものです。つまり、**子どもは自力で興味や創造力、発想力を広げていくものなのです**。

たくさんのオモチャを並べても、キッチンから紙コップや割りばしなどの日用品を引っ張り出してきて勝手に工作したり、何の変哲もない石ころを延々と蹴って楽しんでいたりするのが子ども、というわけです。

子どもの興味を広げ才能を伸ばしたいからと、やりすぎたり与えすぎたりしてしまうと、かえってそうした力が芽生えるのを摘みとる結果になりかねません。

〝至れり尽くせり〟の子育てはやめるようにしましょう。

「おじいちゃん、おばあちゃんの家」で気ままに遊ぶ

家ではルールを守り、きちんとした生活を送らせるべきですが、一方で「勝手気ままに遊べる場所」で過ごす時間というのも、子どもの感性を豊かに育てます。そうした場所として最適なのが、「おじいちゃん、おばあちゃんの家」です。

もし孫をかわいがる祖父母がいれば、思い切り甘えさせて何でも自由に遊ばせてくれま

す。障子を破ろうと、庭の盆栽をひっくり返そうと、孫のやることなら目を細めるばかりです。

こうした場所で自由気ままに過ごす時間というのは、子どもにとってとても貴重な時間。「あれをしなさい」「これはダメよ」とあれこれ制限される家とは別に、「おじいちゃんの家では自由にしていいぞ」と言ってもらえる〝もうひとつの家〟がある。

このことは感性を豊かにするだけでなく、素直さや明るい気質などを培うことにもつながります。また、**基本的なルールを（多少は）逸脱してもかまわない場所でのびのびと遊ぶというのは、発想力や想像力を鍛えます。**

可能なら、ぜひ「おじいちゃん、おばあちゃんの家」で愛情たっぷりの目に見守られながら、自由気ままに過ごす時間を子どもに与えてあげてください。

お母さん、まじめすぎませんか？

一般に女性の方が男性よりまじめな性質のせいか、世のお母さんたちのなかに「まじめすぎる」タイプは意外に多いようです。まじめなのは結構ですが、まじめすぎてしまうのは考えものです。

まじめが度を越してしまい、かたくなな考え方や固定観念に振り回されるようでは、せっかくの子どものよい気質をつぶしてしまうことになります。

やんちゃな友達と仲よくしているわが子に対して、「あんな乱暴な子とは遊んではいけません」と言うお母さんをたまに見かけます。まじめすぎるお母さんほど、〝子どもには正しい行動をさせなくては〟とガチガチに考えて、こうした間違いを犯してしまうのです。

これでは子どもも、〝正しいこと〟だけにこだわる、偏った狭い考え方をするようになってしまいます。「人に好かれる」どころか、「人を排除する」ようなタイプです。

自身のかたくなで狭い考え方を子どもに強要するようなやり方は絶対にやめましょう。**子どもに柔軟な頭と心を根づかせたいのなら、お母さん自身が〝まじめさ〟を少し脇に置いておいて、物事をゆったりとおおらかに受け止めるようにしましょう。**

このようにおおらかな心で物事を受け止めれば、幸福な生活を送れるのです。

では、幸福とはなんでしょうか？　幸福は人生の客観的な出来事で決まるのではなく、起こった出来事をどのように解釈するかという主観的な心の働きで決まるものです。

悲しみやつらい感情に免疫がある人間はいませんが、どのような状況でもそこによい部分を見つけられる人がいます。これに対して、何につけても〝あら探し〟をするような人は、決して幸せにはなれません。

「悲観論者はあらゆるチャンスに困難を見出す。楽観主義者はあらゆる困難にチャンスを見出す」といわれます。幸せな人とは、最高の出来事が起こる人ではなく、起こった出来事を最高のものにできる人なのです。

第4章

小学生になったら必ずやっておきたい家庭の習慣

小学生の時期は社会に飛び出す準備段階

小学生になると、いよいよ家庭という小さな世界を飛び出し、少し広い世界でたくさんのことを学んでいく時期に突入します。それまではたくさんの愛情を注ぎ、基本的な生活習慣をきちんと身につけさせることを中心に考えていればよかったのですが、小学生からは親として心得ておきたい細かな習慣が増えてきます。

なんといっても、学校という今までとは違った共同生活が始まるため、子どもはさまざまなことを体験していきます。また、学習習慣をきちんと根づかせなければならず、勉強面における心配も出てくる時期です。親御さんにとっては、子どものことについて本格的に頭を悩ませ始める時期ではないでしょうか。

本項では、子どもが小学生になったら、親御さんとしてぜひとも心がけてほしい習慣を解説していきましょう。

家庭内のルールを徐々に増やしていく

早寝早起きをし、規則正しい生活を送る。こうした生活習慣が本格的に定着するのは小学生の期間です。また、それまでは親の言うことを素直に聞き、きちんとした生活を送っていたのが、学校の友だちから刺激を受けて自主性が芽生えたことで夜更かしをしたり、今までは守れていたことが守れなくなったり……。緩んでくるのもこの時期です。

親御さんは子どもが小学生になったら、あらためて正しい生活習慣をつけさせるための家庭内でのルールをしっかり設けましょう。「例外は認めない」ぐらいの強い気持ちで、規則正しい生活を送らせるようにしてください。

家庭内でのルールを守らせるというのは、きちんとした生活を送らせるという本来の目的のほかに、子どもに自立心を持たせ、自分の欲求をコントロールする習慣をつけさせるという意味合いもあります。

ルールを守る習慣がなく、欲求をコントロールできない子というのは、とかく自己中心的になってしまいがち。家庭内に守るべきルールがないまま育ってしまうと、自分の思うままに生活することになります。その結果、わがまま放題で人の気持ちに鈍感なタイプになってしまいかねません。

また、ルールを守り規律正しい生活を送るというのは、ガマン強さにつながります。そしてガマン強さというのは、毎日の生活の中でしか養えないものなのです。

さらにいうと、毎日の生活リズムが安定していることは学力面にも大きく影響します。

不規則な生活を送っている生徒で、成績のよい子はほとんど見かけません。

毎日規則正しい生活を送らせ、基本的な生活習慣を身につけさせるというのは、じつは子どもが成長していくうえで、さまざまな意味合いを含んでいるのです。

社会のルールやマナーを理解させる

「騒いではいけない場所では静かにする」「目上の人には礼儀正しくする」といった社会

的なマナーも、この時期から親御さんがしつけをしていきましょう。

それまでに基本的な生活習慣が身についている子なら、きちんと説明をすれば、小学生にもなるとこうした社会のルールやマナーを理解してくれるはずです。

マナーを守ったり目上の人に対して礼儀正しく接することができるというのは、じつは「人に好かれる力」と大いに関係があるのです。

周囲に好感を持たれたり、目上の先輩や上司にかわいがられるタイプというのは、自由奔放にふるまっているようでも、きちんと一線をわきまえています。こうしたタイプの人物というのは、そばで見ていると、まったくものおじせず、驚くほど大胆に人の懐に飛び込んでいるようでも、じつは「守るべきルール」や「礼儀」の一線を踏み越えていないものなのです。

社会生活を送るうえではもちろん、人に好かれ、目をかけてもらえるようなよい気質を育むためにも、親として「守るべき社会のルールとマナー」をこの時期にきちんと教えてあげるようにしましょう。

さまざまな体験が後伸びする子を育てる

学習習慣をつけるというのはとても大切で、小学生になったら最低限の学校の宿題と復習だけはきちんとさせたいものです。とはいえ、勉強ばかりを長時間強制する、というのはいただけません。**学校の宿題と復習さえきちんとこなしていれば、小学生時代はむしろ遊びなどの多様な体験を優先した方がいいでしょう。**

私が過去に見てきた学生のなかにも、小さいころから勉強漬けで遊びやさまざまな体験が絶対的に不足している子が何人もいました。そうした学生は、頭がガチガチに固くて柔軟な物の見方ができず、さらにはプライドが高くて人の意見を聞く耳を持てないため、周囲から何も吸収できずに孤立する傾向があり、いろいろ問題を抱える子が多かった印象があります。

子どものころの実体験が少なく、ペーパーとにらめっこで勉強ばかりをしてきた子には、学んだり教えられることにしか対応できない脳がつくられてしまいます。その結果、突発的な出来事に自分の頭で考えて行動したり、新しい事柄を柔軟に吸収することができにくくなってしまうのです。

また、こうしたタイプの子は考え方がかたくななことから、人と上手にコミュニケーションを取ることができません。そのため、学校で他のクラスメイトから孤立してしまうことも多いのです。

親御さんとしてはこの学力重視の現在、勉強面での心配は尽きないと思いますが、小学生の時期に勉強だけでなく遊びなどの体験を数多く重ねてきた子の方が、先々には必ず能

力が開花し、大きく後伸びしていくはずです。

人間的な魅力を養い、人と上手にコミュニケーションを取れる子に育てるためにも、小学生のうちは勉強だけでなく、さまざまな体験の機会を与えるようにしてあげてください。

ある程度は本人の判断で行動させる

特に男の子の場合、ハメをはずしやすく、悪ふざけを超えた行動を取ることもあるかもしれません。しかし、それが人様に迷惑をかけるような行為だったり、社会的に問題のある行動でない限り、黙って見守ってあげるようにしてください。

この時期から子どもは自分の頭で考え、さまざまなことに挑戦しようとします。それを、親が「あれをやりなさい」「これはダメ」と管理したり、あるいは先回りして転びそうな石を取り除くようなことは、絶対にしてはいけません。

外の世界へ飛び出し始めた小学生のころに自由に行動してさまざまな体験をし、時に失敗をするというのは、子どもの能力を伸ばすうえで欠かすことのできない過程です。

また、自由な発想力や創造力などはさまざまな体験から自分でその一部をとり出したり、まとめたりすることから芽生えます。

親御さんは、子どもが明らかに悪いことをしていない限りは、黙って見守る姿勢を保ってもらいたいものです。

興味のあることには自由に取り組ませる

小学生の子どもには、興味を持ったことや好きなことを思い切りやらせてあげてください。小学校高学年以上の子で、遊びや楽しい体験を前にしても「そんなこと自分にはできない」と、ただ黙って見ているだけという子をたまに見かけます。

こうした子たちは好きなことを思いきりできず、親から強制的に習い事や塾ばかり行かされていた子が多いようです。

物事に自分から興味を持ち、熱中した経験や、思い切り好きに遊んだ体験が極端に乏しいため、自分から興味を持つことができなくなり、塾で与えられた難しい問題をやることに集中してしまうのです。

子どものうちは、本人が興味を持ったこと、好きな遊びを思い切りやらせてください。「好きなことを思い切りした」という満足感を子どものころに十分味わうことで、大人になったときに、自ら物事を考えて行動し、人生を楽しもうとする力が培われていくのです。

小学校高学年になったら「子離れ」の準備を

それまでは親の言うことを素直に聞いていた子でも、小学校高学年から中学生ぐらいになると反発を始めます。自分と両親の考えていることに違いがあることにはっきり気づき、自我が芽生え始めるからです。

そうなると親が自分に干渉してくることのすべてがわずらわしく、自分の考えに少しでも反対されると必要以上に反発するという、反抗期への突入です。

今までは、学校のことや自分の思いなどを屈託なく話をしてくれていたのが、何も話さなくなったり、悪い言葉を使うようになったりして、親御さんとしてはいろいろ気を揉むことになるかもしれません。

しかし、**小学校高学年から中高時代にかけて反抗期を迎えるというのは、子どもにとってごく自然なこと。**子どもは今まで愛情を注いでくれ、見守っていてくれた親から離れて自分の足で立とうと、さまざまなことを考え、懸命にもがいているのです。

この時期に反抗期をきちんと迎えないと、子どもはいつまでたっても親離れができず、何をするのにも親に頼る習慣が続いてしまいます。また、自分に自信が持てず、他人の言うなりに行動してしまうような子の多くは、じつは反抗期をきちんと迎えていなかった子です。これは、私が長年多くの学生を見て感じた事実です。

子どもが小学校高学年になったら、親御さんも「子離れ」の準備を少しずつ始めましょう。可能な限り本人の考えを尊重し、ある程度は本人の好きにさせておくのです。

とはいえ、10代というのはまだ親を必要としている時期でもあります。少し離れたところから、子どもの様子を見守るようにしてあげてください。この時期の子どもというのは1週間ごと、1カ月ごとにめざましく成長をしていきます。親はあまり干渉することなく、「間違ったことをしていないか」「何か悩んでいることはないか」と、絶えず子どもに関心を持ちながらも、その成長を愛情と期待を込めた視線で見守るようにしましょう。

また、小学校入学時と同様、それまで根づいてきた基本的な生活習慣が緩む時期でもあります。しかし、親はあれこれ細かい口出しはせず、ある程度は本人の自主性に任せるようにしましょう。

そうしながらも、生活の乱れが度を越すようであれば、自分の生活習慣をもう一度見直すよう、ピシリと言って聞かせてください。「家庭内にはルールというものがある」といったことをしっかり諭し、そのままダラけた生活が続いてしまわないよう、締めるべき部分は締めるようにしましょう。

この時期、緩み始める生活習慣の見直しを定期的にさせ、あらためて家庭内のルールというものを意識させることは、社会に出たときに、自分の欲求だけで短絡的に行動してしまうタイプになってしまわないためにも、必要なことです。

「逃げない習慣」をつける

これは人生を歩んでいくうえで、とても大切なことです。子どもには、困難にぶつかっても逃げず、自分の頭で考えて道を切り開いていける力を持たせたい。これは、どの親にも共通する望みではないでしょうか。

そして、本書でも再三語っていることですが、「一定時間机に向かって物事に取り組む」習慣や、遊びを通した「何かをやりとげた経験」によって、少しずつ粘り強さとガマン強さが養われているようなら、このころには自然と「逃げない」習慣が身につき始めています。

また、さまざまな体験や自然の中での遊びを通じて、「自分の頭で考えてアクシデントを切り抜けた」という今までの経験から、子どもの中に「逃げずに切り抜けてみよう」と自然に考える力が根づき始めているはずです。

親御さんはこの時期、子どもに根づき始めているこうした力を信じて、「逃げないでぶつかってごらんなさい」「あなたなら、きっとできるはずだから」と励ますことで、「困難にぶつかったときも、逃げずに自分で切り抜けよう」とする力が本人の中で確固たるものになるよう、バップアップしてあげてください。

好ましい習慣を続けていれば、小学校高学年から少しずつよい気質や能力が芽生え始め

ます。親御さん自身が「この子ならできる」と信じて見守っていれば、子どもは自然に「逃げずにまずはぶつかってみよう」と思えるものなのです。

「誰かに相談する」という選択肢に気づかせる

前項につながることです。

困難にぶつかったとき、「逃げずに自分で何とかする」習慣をつけさせたいものですが、一方で、自分だけではどうにも立ち行かないこともある、というのも現実です。そうしたときには、**「ひとりで考えず、誰かに相談する」のも選択肢のひとつだということを、この時期から子どもに教えてあげてください。**

大人への第一歩を踏み出すこのころから、自分では対処しきれない難題や、自分自身の考えが行き詰まることが増えてきます。

そうしたときに、かたくなに自分の中で問題を抱え込むのではなく、周囲のメンター（「よき指導者」または、「優れた助言者」）に相談してアドバイスを得ようと自然に思える――。

こうした素直さは、これから社会に出て大きく成長していくのに必要不可欠な資質です。

また、このときに「よき相談相手となるメンターを見つける力」も重要なポイント。メンターになり得る人というのは、中学生ごろになればきっと周囲にいるはずです。学校の先生であったり、ちょっと頼れる近所のお兄ちゃんであったり、年の離れたいとこであったり――。そうしたメンターを、「この人のアドバイスは信用できるぞ」と見極められ、素直に助言が請えるというのは、それだけでひとつの能力です。

そして、メンターとなり得る人に目をかけてもらえる力、そうしたメンターを見つける力、そのメンターに助言を素直に請える力、つまりは「メンターを見つけ、生かす力」というのは、親御さんが愛情を込めて見守り、育てたことで根づいた「他人への信頼感」と「素直さ」に由来しているのです。

裏を返すと、自分勝手に育てられ、自己中心的に育ってしまったタイプの子には、「メンターを見つけ、生かす力」が備わっていません。よかれと思って有益なアドバイスをしてくれる人を、うとましく感じてしまうのです。

小学校高学年から中学生ともなると、子どもの性質の基礎となる部分はある程度固まってしまいます。もし、この年ごろの子どもに「メンターを見つけ、生かす力」が備わっていないようなら、まずは親御さん自身が今までの子どもへの対応を省みてください。そのうえで、イチから子育てをやり直す覚悟で、ていねいに子どもに手をかけるようにしましょう。まだ、かろうじて間に合うはずです。

一方、順調に子どもを育ててきて、本人に「メンターを見つけ、生かす力」の基となる「素直さ」「他人を信頼する力」が備わっているようなら、「ひとりで考えずに誰かに相談する」「人にアドバイスを請う」ということも時には必要だという事実を教えてあげてください。この年ごろになると親に相談しなくなる子も多いですが、**外部のメンターになら深刻な悩みを相談することもできるはずです。**

物事を論理的に考える習慣を

小学校高学年になると、今までとは比べものにならないほど、たくさんのことが考えられるようになります。この時期から、物事を論理的に考えられる訓練をするのが望ましいでしょう。それには、子どもに何か聞かれたときにはすぐに答えてしまわず、「あなたはどう思うの？」「おまえはどう考える？」と返して、**本人が一度は自分の頭で考え、筋道を立てた意見を言わせるように仕向けるのが効果的です。**時にはテレビのニュースから社会問題を取り上げて話題にしたり、親御さん（お父さんが望ましい）が、仕事上で起きた出来事を会話に入れて、「君ならどうする？」と質問して意見を語らせるのも、悪くありません。物事に対して、「一度は自分の頭で考えるもの」という習慣を、この時期からつけさせたいものです。

人の話を最後まで聞き、自分の意見が述べられるようにする

人と上手に渡り合い、社会に出て立派に働くためには、自分の意見をしっかり主張できるようになる必要があります。また、「人の話を最後まで聞く」というのは、〝人の意見に耳を貸せる〟〝他人の立場に立って物事を考えられる〟ことにつながります。人の話を聞いて自分の中で咀嚼し、その上で自分の考えもしっかり主張できるというのは、コミュニケーション能力の根幹でもあります。

他人に好かれ、本人が無理することなく人間関係を上手に築ける人間にするためにも、「人の話を最後まで聞く」「自分の意見がきちんと述べられるようにする」習慣はしっかりとつけさせてください。

そのためには小学校高学年ごろになったら、お母さんだけでなくお父さんもは少し歯ごたえのある話や社会についての会話を積極的にし、本人の意見も聞くようにしてください。

特に小学校高学年頃からは、**将来の仕事に関わる話を、意識して会話に混ぜてみたりして**

ください。

この時期の子どもは、親の話を聞いていないようでいて、意外と聞いているもの。この時期の親のタメになるちょっとした声がけや、社会についての話、将来にまつわるさまざまな話は、頭の片隅に引っかかっていて、何かのきっかけできっと動き始めるはずです。

将来像をイメージさせる

遅くとも、高校を卒業するまでには、自分の将来をイメージできるようにさせてください。**競争が激しい今の時代、昔のような「大器晩成」は通用しなくなっています。**親御さんのかつての時代と違い、中高時代に準備を始め、結果を出していかないと、好きな仕事に就いたり、満足のいく社会生活が送れなくなってしまいかねません。

親御さんは「将来の準備を始めた方がいいよ」「中学生になったのだから、そろそろ将来の仕事について考えなくちゃね」といった声がけをし、〝将来を考え始めなくてはならない時期〃という事実を意識させるようにしてください。

とはいえ、小学校高学年というとまだ知識も足りず、世の中にはどんな仕事があるのかについてもよく知りません。〃なりたい職業〃というと、サッカー選手やケーキ屋さんぐらいしかイメージができないのに、「将来について考えなさい。あなたの好きな仕事に就けばいいのよ」とだけ言われても、子どもはとまどうばかりです。

もちろん、「あなたは絶対に弁護士になるのよ」と、親御さんが子どもの将来を決めつけるのは絶対にタブーですが、世の中にはどんな仕事があるのか、社会に出て働くというのはどういうことかを、親御さんはこの時期から具体的に教えてあげてください。

親が上手に働きかけ、世の中にはいろいろな仕事がある、とたくさんの選択肢を教えてあげるのは、「自分の将来は明るく楽しいものに違いない」といった、将来への前向きな希望を持たせることにもなります。

そして、子どもは何かのきっかけで**自分の将来像を意識し、それがしっかり固まると、「勉強しなさい」と口うるさく言わなくても、自分からすすんで勉強するようになるでしょう。**

“本を読む習慣”すべての学力を伸ばしてくれる

小学生になったら、本を読む習慣を定着させたいものです。本というのはさまざまな知識が詰まっているため、まず子どもの興味の幅が広がります。本を読んでたくさんの知識に触れることで、物事を多様な角度から見ることができるようになります。

当然、知識も養われるので、話題が豊富になるはずです。人と上手に話をする能力というのは、たくさんの人と会話する経験を積むことで養われると共に、本を読むことでも培われていくものです。

話に少し変化をつける雑学や知識を豊富に持っている人とはやはり話をしていて楽しく、人から見て魅力的な人物に映るはずです。

子どもにはぜひ本を読む習慣をつけさせてほしいのですが、そのためには、3歳ごろから親が率先して子どもに読み聞かせをしてあげるのが理想です。

そのうえで、やはり親が本好きになるのが最も効果的です。家の中で親御さんが日常的に本を読む姿を見せると、子どもは「本のある生活」を自然なものととらえます。本を読むというのはごく日常的な習慣なのだ、と思えるようなら、あとは親御さんが上手にうながし、声をかけてあげれば、子どもは抵抗なく本を読むようになるはずです。

リビングや書斎に本棚を置き、子ども向けのものから少々歯ごたえのあるものまで、さまざまな本を並べておくというのも悪くないやり方です。家の本棚にさまざまな本が並んでいるだけで子どもは自然に好奇心を持ち、いろいろな本を手にするでしょう。

偉人や成功者の伝記などを並べておくのも、よいやり方です。過去に成功した人の生き方をたどってみると、ほとんどの場合、その成功は〝努力〟によるところが多いことがわかるはずです。**努力をして大きな成功をつかんだ実在の人物の話は、これから本格的に人生を歩んでいく子どもにとって、間違いなくよい刺激になります。**

小学生の高学年ぐらいから将来の仕事についてイメージを持たせるためには、偉人や成功者の人生が書かれた伝記というのは絶好の参考材料になるはずです。

メリハリのある叱り方を

小学生になると自分のことはそれなりに何でもできるようになってきますが、その分、親から見て好ましくない行動や悪ふざけなども増えてきます。親としてはつい小言のひとつも言いたくなってしまうところですが、あまり細かいことを指摘してガミガミと叱りつけるのは、ひかえた方がいいでしょう。

日常生活の細かい点を一つひとつ取り上げて一日中ガミガミ叱ったり、頭ごなしに指示を出して管理するようなやり方では、子どもは萎縮してしまい、伸びるはずの能力も頭打ちになってしまいます。

それればかりか、あれもダメ、これもダメといった小言ばかり聞かせられると、本当に「間違っていること」と「よいこと」の区別がつかなくなってしまいかねません。

子どもを叱るなら、まずは「叱るべきこと」を親御さんの中できちんと決め、それ以外についてはおおらかに受け止めるようにしてください。

「基本的な生活習慣がきちんと守れている」、「人様に迷惑をかけていない」、「社会的に明らかな悪事を働いていない」。この三つが守られている限りは、小言はなるべくひかえ、ここぞというときに叱るといった具合に、メリハリをつけるようにしたいものです。

また、叱り方自体にも多少の注意が必要です。

小学生ともなると、次第に自分の頭でものを考えて判断ができるようになってきます。そんなことからも、叱るときは決して感情的に怒鳴りつけるのではなく、なぜいけないのかをきちんと説明したうえで、毅然とした態度で厳しく言い聞かせるようにするのが望ましいやり方です。

失敗を体験しないで育ってしまうことこそが失敗

日常生活や学校生活で大きな失敗をしたとき、親としてはつい何か言いたくなってしまうところですが、そこはグッとこらえるようにしましょう。

子どもはさまざまな失敗をするのが当たり前です。そして、大人になるまでの数々の失敗体験こそが、実はとても大事なことなのです。失敗体験から「あのとき、もっと違うやり方があったのではないか」「いったい何がいけなかったんだろう」と自分の頭で考えることによって、子どもは確実に大きく成長します。

何より、失敗を味わうことで「自分は何でもできるわけではない」「自分の判断だけでは間違えることもある」といった現実を知ります。こうした現実を知ることが、人生を送るうえでとても大事な「人のアドバイスを聞く耳」や、「素直さ」を育てるのです。

特に、その失敗が「本人が一生懸命やった結果の失敗」であるのなら、それは「金メダル級の失敗ね」とほめてあげるぐらいでいい、と私は思っています。そのうえで、「次回からはこの経験を生かして頑張ろう」と励ましてあげればいいのです。

子どもが失敗をしたときに頭ごなしに叱ったり、ぐちぐちと小言をいうのではなく、まずは黙って見守る姿勢を保ちましょう。

その失敗が、仮に「怠けた結果」や、「手を抜いて物事を進めた結果」によるものだったとしても、まずは黙って本人がどう受け止めるかを見守るのです。

そして、次にまた同じような失敗をしたときには、「怠けたこと」「手を抜いて物事を進めたこと」、さらには「同じ失敗を繰り返したこと」を指摘し、諭してあげてください。

そうすることで、子どもはその失敗からきっと何かを学び取るはずです。

「子どもが失敗を体験することなく育ってしまうことこそが、子育てにおける最大の失敗である」というのが私の持論ですが、特に小中学生のころの失敗は、親としてはおおらかに受け止めるようにしましょう。

これは成人してからも言えることで、失敗を重ねながら物事は上達するものです。大人になってからの一番大きな失敗は〝何もしないこと〟で、この失敗からは何も新しいことは生まれません。

〝正しいほめ方〟が子どもの能力を大きく伸ばす

子どもが何か成果を出したり上手に物事を進めたとき、親御さんは大いにほめてあげてください。ほめられることで子どもに前向きなやる気が生まれ、それに伴ってその能力はきっと大きく伸びていきます。

とはいえ、そのほめ方が間違った物言いになっていては逆効果です。

子どもをほめるときには、親御さんとしてぜひ気をつけていただきたいポイントがあります。第2章でも少し解説しましたが、**子どもの「能力」ではなく、「成果」をほめる、**

ということです。

たとえば、子どもが短距離走でよいタイムを出したとしましょう。このとき、「すごい！ あなたは足が速いのね！」と言うのではなく、「前回よりも0・5秒も速くなったのね！」とほめていただきたいのです。

これはアメリカで行われたある実験結果に基づく話ですが、テストでよい点数を取ったときに「頭がいいいね」とほめられた子は、次回難しい問題のテストが出されたとき、イヤがって問題を解こうとしなかったそうです。

一方で、同様によい点数を取った子に「ずいぶん努力したんだね。頑張った成果が出てるよ」とほめたところ、難しいテスト問題にもすすんでチャレンジしたそうです。

「頭がいいいね」というほめ方をされた前者の子は、次のテストが解けないと失望されてしまうのではないかと考え、自分の実力不足を隠そうとする行動に出てしまったわけです。

そして後者の子は、自分が努力して結果を出したことをほめられたため、「もっといい点数を取ろう」という気持ちになり、難問にも果敢に挑戦できたわけです。

子どもがテストでいい点数を取ってきたら、「頭がいいのね！」ではなく、「前回より10点も上がったじゃない！　頑張った成果ね」といったほめ方を心がけてください。

また、小学生のころはとにかくほめることで意欲がわき、能力もすくすくと育つもの。仮に子どもがテストでびっくりするような悪い点数を取ってきたとしても、「30点なんて、どういうつもり！」などと頭ごなしに叱るのではなく、「前回より5点上がったじゃない。頑張ったわね！」といった風に、ほめるポイントを上手に見つけ、子どもの気持ちを引き立ててあげてください。

こうして親からほめられた子は必ずいつか意欲が芽生え、きっと本当にほめられるような点数を取ってくるようになります。

長時間のテレビとゲームは絶対にNG

私が過去に大勢の学生を見てきたなかで確実に言えるのが、テレビやゲームを2時間以上やる子に勉強のできる子はいない、という事実です。テレビやゲームというのは、映像による情報を一方的に受けるだけの遊びです。すべては画面上で完結し、このときの脳は情報を受け取って楽しんでいるだけで、何も働いていないのと変わりません。

こうした娯楽を長時間に渡ってダラダラと続けるのは、時間の無駄以外の何ものでもありません。それどころか、本を読んだり外で遊んだり、何か工作をしたりと、本来は違う体験に費やすことができた時間だったと考えると、厳しいことをいうようですが、**テレビやゲームは有害とすらいえるかもしれません。**

もちろん、今の時代、テレビやゲームなどを全面禁止にするというのも難しいでしょう。せめて、テレビやゲームなどの映像を見るのなら一日の中で制限時間を決めて、ダラダラと際限なく見続ける習慣だけは、やめさせてください。

第5章

こんなに違う お母さんの役割、お父さんの役割

子育てに〝二人のお母さん〟はいらない

本章では、「人に好かれる子」にするための、親の役割について解説していきましょう。

男性と女性ではそれぞれ特性が違います。当然、お父さんとお母さんにもそれぞれ違った役割があるはずです。**また家庭というのは小さな社会でもあり、お父さんとお母さんがしっかり役割分担をした方がうまく機能するようです。**

最近は夫婦共働きでお母さんもバリバリ仕事をしているご家庭が多く、そうした役割分けはナンセンスに聞こえるかもしれません。

しかし、子どもを立派な大人に育てようというときに、家庭という小さな社会の中で2人の親が同じ役割を担うとどこかバランスが悪くなるので、あまり好ましいことではありません。実際、家庭内で父親と母親の役割がきちんと振り分けられている家庭の子は、精神が安定していてよい気質が培われていることが多いものです。

お父さんとお母さんが家庭内でそれぞれに役割を分け、協力して子育てにあたった方が、子どもも安定した状態でのびのびと育つものです。

お母さんの役割は子どもを絶えず「見守る」こと

子どもにとってのお母さんは、「無条件の愛情を注いでくれる存在」「身近で子どもの世話を焼き、いつでも安心感を与えてくれる存在」であってほしいもの。

そのためには、お母さんは子どもに絶えず関心を持ち、愛情あふれる視線で見守ってあげるのが一番の役割です。お母さんからの愛情を受けることで、子どもは素直で優しい、人から好かれる性格へと育っていきます。

ここまでに解説してきたことをまとめます。

子どもが何かに興味を示したとき、お母さんは「面白そうね」「もう少し調べてみれば？」と上手に声をかけます。そして、タイミングを見計らって本やちょっとした実験道具、あるいは博物館や美術館、自然の山などに連れ出したりと、いい材料を差し出してあげて、その興味をどこまでも伸ばしていけるようサポートしてあげましょう。

子どもが何か成果を出したときは、「よくやったわね！」「すごいわ！」と大いにほめ上げ、子どもにやる気を持たせてあげてください。子どもはすすんでいろいろなことに挑戦するようになり、生きていくうえで必要な、さまざまな能力を自ら育んでいきます。

そして子どもがお母さんの愛情を求めたときは、すぐに反応し、抱っこや頬ずりをしたり、子どもと向き合ってしっかり話をしてあげることが大切です。「人に好かれる気質」は、親や周囲からたっぷり愛情を受けることで培われるものです。

こうした望ましい対応をするために、お母さんは子どもに対していつも関心を持って「観察」し、「見守る」姿勢でいる必要があります。たとえ仕事や家事で忙しくても、常に子どもの存在を意識して注意深く観察し、見守り、ここぞというときには手をかけてあげましょう。

よい気質を持つ子どもを育てるうえで最も必要なことは、お母さんの「観察」と「見守り」というわけです。

子育てをするお母さんには「割り切り」が必要

子どもはのびのびと育てることが大切ですが、それにはやはりお母さん自身に「余裕」がないと、なかなか難しいかもしれません。

子どもが何かいたずらをしたとき、それが大した悪事でなければ、おおらかに受け止め、笑い飛ばすぐらいであってほしいものですが、それも親に余裕がないとできません。例えば、子どもがいたずらでティッシュを箱ごと全部散らかしてしまったとき、お母さんに余裕がないと、どうしても「また、面倒事ばかり増やして！」「疲れてるのに、そうじしなきゃいけないじゃないの！」と叱り飛ばす結果になってしまいます。

「お母さんがちょっとお洗濯している間に全部出しちゃうなんて、ずいぶん手際のいいことね」と笑い飛ばす、なんてことは、余裕がなければ到底できるものではありません。

また、外に連れ出し、自然のなかで遊ばせたり、子どもと向き合っておしゃべりをする時間をたくさん持つ、というのも、やはり日々の余裕があってこそ。余裕がないと、テレビでアニメを流しっぱなしにしたり、子どもにゲームをやらせっぱなしにしてしまうことにもなりかねないでしょう。

でも、そこで「テレビを長時間見せっぱなしにしてしまった」「ゲームばっかりで、こんなことでは将来どうなるのか……」などと**悲観する必要はまったくありません**。要は程度の問題であり、テレビ漬け、ゲーム漬けにしないよう、きちんとルールを決めていればいいだけです。

また、掃除や片づけがしっかりできなくて、悩んでしまう人がいるかもしれません。でも、子どもをのびのび育てたいと願うなら、「子どもがいるうちは、家は片づかないもの」と割り切って、あまり神経質になるのはやめましょう。「ほこりで人は死なないわ」と開き直るぐらいで、ちょうどいいかもしれません。

「肝っ玉母さん」のススメ

気持ちに余裕がありおおらか。子どもの自由に任せておき、それでいて見るべき部分はきちんと見て、ここぞというときにはきっちり叱る――。こうしたお母さんが理想的ですが、昔ながらのお母さん像でこれに該当するのがいわゆる「肝っ玉母さん」です。

軸がブレずに肝がどっしりすわり、子どもの多少の失敗ぐらいは陽気に笑い飛ばす。それでも子どもが悪いことをしたらお尻をピシャッとたたいてガツンと叱り、子どもに愛情たっぷり、いつも元気でパワフル。

肝っ玉母さんというのは、まさに理想のお母さんです。

こうしたお母さんの子というのは、陽気でいつも生きいきとしていて、好奇心たっぷりで人なつこく、どこか頼れる雰囲気を持ったタイプと、まさに「人に好かれる子」になるケースが多いのです。そして、その性質は子どもにも引き継がれることが多いのです。

お母さんがやってはいけないタブー

お母さんが子どもに与える影響というのは、とても大きいものです。そして、誰からも人気があるお母さんに育てられる子は、その傾向を引き継いで人から好かれるよい気質が必ず芽生えるはずです。

反対に、子どもがよい性質を伸ばそうとしているのに、母親の態度がそれをつぶしてしまうことはよくあります。そこで、母親の言動におけるタブーを列挙してみましょう。

【母親がやってはいけないタブー】

・子どもに愛情のない素振りを見せること

・子どもに対して無関心な態度

・「勝手にしなさい」「あなたなんてもう知らないわ」といって突き放す
・自分の楽しみばかりを追求し、子どもを犠牲にする行動
・余裕のない態度
・毎日がつまらなそうな様子を子どもに見せる
・笑顔を見せない
・父親の悪口やグチを言う
・絶えず小言ばかりで、子どもをほめない
・気分次第で言うことがコロコロ変わる

こうした言動というのは、子どもにとって本来あるべき母親像とかけ離れているのは言うまでもありません。毎日の生活の中で、こうした好ましくない言動をしないよう、お母さん方はしっかり認識しておくようにしましょう。

家庭内でのお父さんは「ちょっと怖い大きな存在」

お母さんの役割が「無条件の愛情を注いでくれる存在」「身近で子どもの世話を焼き、いつでも安心感を与えてくれる存在」だとすると、お父さんは子どもにとって「ちょっと怖い存在」「社会を体現する大きな存在」であってほしいものです。

一家にひとりは怖い人がいる、というのが望ましい家庭像。子どもが何か悪いことをしたときに、そのつど厳しく言い聞かせるのはお母さんの役割ですが、ここぞというときにビシッと叱り、「さすがにマズいことをしたぞ」と思わせる存在が家庭には必要です。そうした役割は、やはりお父さんが担うのが自然でしょう。

そして、社会に出たときに必要とされる「社会力」をつけさせるのもお父さんです。社会を生きていくうえで必要なルールやマナー、将来仕事を持って働くことに対する意識、持つべき正しい価値観などを、事あるごとに言葉や態度で教えてあげてください。

そのためにも、お父さんには確固たる理念を持っていていただきたいものです。

さらに、子どもが実際に外の世界に出たとき、それをバックアップするというのも父親の役割です。お父さんは日常の会話や態度で外の世界の現実を教えながらも、常に子どものことを少し離れた位置で見守り、いざ子どもが壁にぶつかったときには全面的にバックアップする姿勢を保つようにしてください。


最近はものわかりがよく、友達のようなお父さんや、かいがいしく世話を焼く優しいお父さんも多いようですが、家庭の中の「ちょっと怖い存在」「社会を体現する大きな存在」という役割を考えたとき、それは必ずしもいいことばかりではありません。

特に世の中にはルールやマナーがあり、社会で生きていくのは時に厳しいものだということを子どもに自然に意識させるには、お父さんは「少し遠くの大きな存在」であるのが望ましいのです。

お父さんがいるのに「父親不在」の家の問題点

ちょっと極端な言い方になりますが、お父さんがほとんど家にいない子供というのは、あまり好ましくないタイプが多いのは事実です。

家庭内での父親の存在感というのは、子供にとって大きな影響があるもの。といっても、母子家庭を否定しているわけではありません。祖父や親しいおじさんなど、父親の代わりになる存在があり、バランスよく育てているシングルマザー世帯も数多くあり、そうしたご家庭ならまったく問題はありません。

ただ、両親がそろっていながら「父親不在」の家庭というのは、子供にとってやはりよくない傾向があります。お父さんが留守にしがちな家庭というのは、どうしてもお母さんが甘やかしすぎてしまうか、反対に、父親不在をカバーしようと厳しくしすぎてしまい、バランスの悪い対応をしてしまうことが多いのです。

今の時代のお父さん、お母さんというのは、日々忙しく、なかなか余裕が持てないもの。それでも、父親と母親がしっかり存在し、協力し合って子育てをしている家庭は安定しているため、子供も好ましく育つ傾向があるのは、間違いのない事実です。

早朝から夜遅くまで、お父さんが平日は家にほとんどいなくても、お母さんを通して子どもの様子に絶えず気を配り、休日は子どもと触れ合い、そしてここぞという時は子どもとしっかり向き合う――。たとえ仕事で不在がちでも、「父親の存在」を子ども自身の中でしっかり感じられるようにしてほしいものです。

〝イクメン〟には、じつは大事な役割がある

お母さんに子育てを楽しむ余裕を持ってもらい、日常的に子どもをしっかり見守ることができるようにするためにも、子どもがまだ乳幼児期には、お父さんは〝お母さんの支え

役〟になることを心がけた方がいいでしょう。

お父さんが子どもの世話をかいがいしく焼いたり、こまめにおむつを替えるのももちろん悪いことではありません。このご時世に、「お父さんは育児にはタッチしてはいけない」などと言っているわけではありません。

ただ、お父さんが「子どもの世話」と「妻を支える」のどちらに比重を置くべきかというと、それは当然後者でなくてはならない、ということです。

子どもが乳幼児のころは、まだお母さんでないとダメなことがたくさんあります。母乳をあげることや、最も身近な存在として優しく見つめて語りかけることなどは、お母さんならではの役目だともいえます。

そうしたお母さんの役目を、余裕のある精神状態で担ってもらうためにも、お父さんは日常の家事などの面で精いっぱい、妻をサポートしてあげていただきたいのです。

そして、お父さんがお母さんを優しくいたわり、お互いに仲よく助け合っている姿を日常的に見せるのは、子どもにとってとてもよい影響があります。というのも、両親の関係は子どもにとって最も身近な人間関係だからです。

この関係性が良好なものならば、「人と関係を結ぶのは素敵なこと」と、人間関係に対して子どもはポジティブにとらえることができます。

それに加えて、親同士が思いやりを持って優しく接し合っている姿を見ることで、子どもも自然に「人への思いやり」を学びます。優しく思いやりがある、人に好かれる性質を子どもに育ませたいのなら、やはり親がそのお手本となるのが何より大切なことなのです。

人を信頼し、集団のなかにも屈託なく飛び込んで上手に人間関係を築いていける子、優

しく思いやりがあって人に好かれる子に我が子を育てたいのなら、まずはお父さんとお母さんが優しくいたわり合い、仲よく助け合うようにしましょう。

父親は自然の中で子どもとダイナミックに遊ぶ

子どもを育てるうえでのお父さんの大きな役割のひとつは、子どもと自然の中で遊んであげることです。それも、お母さんではできないようなダイナミックな遊びをしてあげてください。自然の中で子どもに大胆な冒険をさせたり、少々ハードなぐらいに体を動かして思い切り遊ばせるというのは、お父さんの役割です。また、遊びを通して、ガマン強さや粘り強さもぜひ教えてあげたいものです。

こうした遊び体験は、豊かな感性を育みます。また、いつもはちょっと怖い存在のお父さんが、こうした遊びに徹底的につき合ってくれるというのは、子どもからするとうれしいことで、それがお父さんに対する信頼感につながります。

父親によく遊んでもらった子どもというのは、想像力が豊かになり、社会的な行動がで

きるようになるという研究結果もあるのです。

父親が父親らしい遊びをした乳幼児は、社会性や知的発達が促されるという報告があります。1歳半の幼児に父親が子どもの興奮する（喜ぶ）遊びをすることが多いほど、知的発達がよいというわけです。

また3歳から5歳の幼児期において、両親との遊びと子どもの発達には関連があると報告しているものもあります。特に男児の場合、社会性の発達（幼稚園で人気がある、他の児童をリードするなど）や、新しいことに積極的に取り組もうとする姿勢にプラスに働いたのだそうです。そのために大事なのは、「（1）お父さんが身体を動かす遊びを多くすること（2）お父さんが子どもと一緒に活動しようとする姿勢（3）お母さんが言葉を多くやり取りすること」となっています。

お父さんに必要以上の威厳はいらない

家庭内でのお父さんに一定の威厳があるのはとても大事ですが、かといって父親の権威が強すぎる、というのも考えものです。

私が過去に接してきた学生たちの例を見ても、父親が強すぎたり、父親に抑えつけられ厳しく締めあげられて育った子たちのなかに、自分の意見を持てない無気力なタイプや、どこか自分に自信が持てない気弱なタイプが多かった印象があります。

「お父さんが一家で一番えらくて、お父さんの言うことにはすべて従う」といった、かつての父権社会の名残なのか、「父親なら威厳を持たなくては」と考えるお父さんも世の中には多いようです。

でも、これは正しい考え方ではありません。お父さんは家庭内における「怖い存在」「大きな存在」であることが望ましいですが、**子どもを抑圧するような「威厳のある権力者」であってはならないのです。**

子どもを必要以上に抑えつけ、萎縮させてしまわないためにも、お父さんは〝余計な威厳〟を持たないようにしてください。もし子ども相手に間違ったことをしたら、しっかり謝れるようにしたいものです。

親御さんのなかには、子どもに対して謝るのが苦手なタイプをよく見かけます。しかしたとえ子どもでも、間違ったことをしたら「あれはお父さんが悪かった。ごめんな」と素直に謝れるようにしましょう。

「ごめんなさい」が言えない親に育てられると、子どももまた「ごめんなさい」と言うことができない人間になってしまいかねません。

「社会」をイメージできるような話をしてあげる

家庭内でのお父さんは、「社会を体現する存在」であってほしいものです。特に小学校高学年ごろから、子どもには「自分が将来就く仕事」について少しずつそのイメージを固めていけるようにさせたいのですが、その際、お父さんが仕事や社会について語ってあげるのが最も効果的です。

もちろん、今の時代、夫婦ともに働いている家庭が多く、お母さんでも仕事や社会について、話を聞かせてあげることは十分可能です。ただ、家庭内での役割を考えたとき、「大きな存在」である父親がその役を担った方が、子どもに「将来についてそろそろ真剣に考えた方がいいのかな」と自然に思ってもらえるのです。

そんなことからも、お父さんは「社会」や「仕事」の話を積極的に子どもにしてあげてください。子どもにとってはまだ見ぬ社会をお父さんが語ってあげることで、子どもはやがてそれについて真剣に考えるようになるはずです。

また、社会に出て働くことを子どもに実感させ、将来自分が仕事をしている姿を自然と頭に思い描かせるためにも、**お父さんの働いている姿をイメージできるようにしたいところです。**自営業の子どもはほかの子より比較的早く、「この商売は自分が継ぐんだ」と将来についてきちんとイメージしています。それができるのは、親の働いている姿を日常的に見ているからなのです。

とはいえ、普通の会社員ともなると、自分の働いている姿を子どもに見せる機会はそうありません。親御さんが家に仕事を持ち帰ったときなどに一生懸命に取り組んだり、パソコンに向かって仕事の調べ物や書類づくりをしているその背中を見せる——。そうしたことができれば望ましいですが、そうした持ち帰り仕事がすべての職業にあるわけではないはず。子どもが目にするのは、休みの日に家でゴロゴロ寝ているお父さんの姿ばかり、というのが多くのご家庭の現実ではないでしょうか。

そんなときはお母さんの出番です。〝社会で働くお父さんの姿〟を、子どもに上手に言って聞かせてあげてください。「お父さんは、外では立派なお仕事をしているのよ」「大人は、普段の日に頑張って働いているのよ」とその様子を話して、**〝外で立派に働いているお父さんの姿〟を演出するのです。**

日ごろ、立派に働いているお父さんの姿を見る機会がないのなら、そうした姿がイメージでき、さらには「人間というのは仕事をしなくてはならない」と子どもが実感できるよう、お母さんの口で上手に語ってあげてください。

お父さんが「語って聞かせてあげてほしいこと」と「やってはいけないタブー」

日ごろこまめに世話を焼くお母さんに対して、お父さんは「社会を体現する存在」として、子どもとたくさんの会話をしたり、時には議論を戦わせてください。お父さんの口から語られる社会の現実や世の中の真理は、必ず子どもの頭に残り、何かのきっかけで動き始めるものです。

お父さんが子どもに語るのに望ましい話題は、次のようなものです。

・やりがいのある仕事を持って働くことの大切さと社会の現実
・子どもに将来の道を少しずつイメージさせる、歴史上の偉人などの話
・本には知識が詰め込まれていて、さまざまなことが学べるという事実

・自分の意見をしっかり持ちながらも、人と上手に渡り合うことが大切といった、社会で生きていくうえでの真理
・お父さん自身の人生について。考え方が変わった出来事や人生の転機について語って聞かせる

反対に、家庭内で大きな存在であるお父さんがやってはいけないことは、次の通りです。

・「おまえはダメなやつだ」など、子どもの人格を否定するような叱り方をする
・自慢話を延々とし、自分の能力を誇示する
・子どもの前で人の悪口を言う
・お母さんの悪口やグチを言う。お母さんを馬鹿にした態度を示す
・お母さんと仲が悪い
・子どもとの約束を守らない
・子どもと遊ぼうとしない

「人に嫌われる子」とその親に多く見られる性質

親の対応いかんで、子どもの性質はよくも悪くも変わってきます。親の性格や行動パターンに子どもは大きく影響を受けるものです。

ここまでは、「人に好かれる子」を育てるための「好ましい両親のタイプ」や「望ましい習慣」を中心に語ってきましたが、ここで「人に受け入れられない子」の性質と、そうした子の親に多く見られる特徴についても、簡単に触れていきます。

まず、「人に受け入れられない子」とはどういったタイプの子を指すでしょうか。

私が過去、数多くの学生たちを見てきたなかで感じた、「人に受け入れられない子」の共通点は次のようなものでした。

・自分勝手でわがまま
・人の意見や新しい考えをいつも否定するひねくれた性質
・すぐ泣いたりその場に合った行動を取れず、感情や欲求をコントロールできない
・協調性がない
・意地悪
・生活全般や考え方がだらしない
・無気力で自分の意見を持たない

いじめの被害にあいやすい子に多く見られた性質

また、学校でのいじめは大きな社会問題になっていますが、悲しいことに〝いじめを受けやすい子〟というのは存在します。私が過去に見てきたなかで、実際にいじめの被害にあってしまった子に目立って見られたタイプを列挙しましょう。

・おとなしすぎる

威圧的で厳しすぎる親に育てられた子が多かったようです。

・人の立場に立ってものを考えられず、人に対する思いやりもない

家庭内でのルールが決められていないためわがまま放題に育ってきたか、親に極度に甘やかされて育った子に多く見られました。

・常に人の顔色をうかがい、おどおどしている

両親の仲が悪かったり、家庭内に居場所がないなど、いつも不安定な精神状態にさらされて育つと、こうしたタイプに育ってしまいます。

・人と同じ行動が取れず、ズレた行動をとる

子どものころからきちんとした生活習慣を教えられていなかったり、父親がしっかりとした理念を持って子どもと会話をしないと、えてしてこのような性質が根づいてしまうよ

うです。

「いじめ」は、いじめる側が悪いというのは言うまでもありません。しかし一方で、子どもの少々ズレた性質が、いじめのきっかけとなり得ることもあるというのが現実です。お子さんがいじめのターゲットにされるような悲しい目にあわないためにも、親としての姿勢を今一度振り返ってみてはいかがでしょうか。

「こうじゃなくてはダメ」という考え方はNG

子どもを人に好かれる人にするうえで大切なのは、「素直さ」と「柔軟性」だということを、ここまで何度となく語ってきましたが、こうしたよい性質を子どもに育ませるためにも、「正しいことは世の中にひとつとは限らない」という世の真理を、親御さんはぜひ子どもに教えてあげてください。

「○○するのがすべて正しくて、それ以外は間違っている」という○か×かの〝絶対主義者〟の考え方はNGです。

私が今まで見てきたところでは、地域で名士とされている人や教師、医師といった、社会的地位がそれなりにある父親ほど、「自分の考えが絶対だ。それ以外は間違っている」といった傾向がありました。

そして父親がそうした考え方だと、子どももそれに似て「人の意見を聞き入れられないかたくななタイプ」となってしまうか、あるいは父親の絶対的な考え方に抑圧されて、「無気力で自分の考えを持てないタイプ」に育ってしまうことが多いのです。

子どもには、物事をあるがままに受け入れて吸収できる、柔軟性のある心と頭を持ち、多くの人に受け入れられるタイプに育ってほしいと願うなら、**「正しいことは世の中にひとつとは限らない」といった考え方、ものの見方をまずは親御さん自身が身につけるようにしたうえで、子どもにも教えてあげてください。**

子どもには大きな「期待」を

子どもの将来を形作るのに、親御さんの期待というのは大きく影響します。親は常に期待を込めた視線で、子どものことを見ていただきたいのです。それには、親御さん自身が、自分の子どもには優れた能力とよい資質がある、と信じてあげることです。そうした親御さんの姿勢があってこそ、子ども自身も自分のなかにある能力を信じて、それを伸ばしていこうと無意識に思えるのです。

そのためには、**日ごろから子どもに対して期待を抱いている、という態度を示してください。**特に小学校のころは、そうした期待感を「あなたの将来が楽しみだわ」「おまえはきっと面白い人生を歩めるぞ」といった具合に、事あるごとに口にしてあげるのです。

そうすることで、子どもは自分の将来に希望を持つことができ、大きく成長していこうという意欲が芽生えるのです。

親御さん自身が、子どもの持つ優れた能力を信じているようなら、子どもが悪い成績をとったり多少がっかりするような行動を取っても、頭ごなしに怒鳴りつけることなく、ゆったりと構えられるはずです。

そうすれば、多少悪いニュースにも一喜一憂することなく、「あなたの能力はまだ眠っているのね」「せっかくの力がまだ表れてこないな」といった言葉が、自然と出てくるのではないでしょうか

「子どもの優れた能力を信じている。今はそれをゆったりと待っている」という姿勢があってこそ、親はどっしりと構えられ、それが子どもの能力をどこまでも伸ばすことにつながるのです。

もし、子どもに好ましい資質を根づかせたいと思うなら、まずは親自身がそうした性質を持つようにするのが実は最も効果的であり、それが最も自然です。

話が面白い子になってほしければ、親自身がたくさんの面白い話をする。さまざまなことに興味を持つ子に育てたければ、親自身が好奇心たっぷりでいろんな体験に連れ出す。

粘り強い性質を育んであげたいのなら、親がお手本になって物事に粘り強く取り組む……。子どもというのは、親の様子をよく見てそっくりマネをするものです。

そして、子どもに「楽しく幸せな人生を送らせたい」と願うなら、親自身が人生を楽しみ、いつもニコニコと笑顔で幸せに毎日を送ってください。そうすることで、子どもも毎日を生きいきと楽しく生活できる人間になるはずです。

毎日ニコニコ楽しそうな子、いつも生きいきとしている子というのは、それだけで惹きつけられませんか？　それこそが「人に好かれる子」の姿ということなのです。

著者紹介

永井伸一
(ながい しんいち)
獨協医科大学名誉教授。東京都出身。1963年横浜市立大学生物学科卒業。研究生活に入り、京都大学・水産生物学で学位を取得。獨協医科大学で27年間、その後私立中高一貫男子校で校長として11年間学生たちを指導する。のべ4000人におよぶ学生ついて、幼児期からの成長過程をふまえて研究することで独自の教育理論を構築。現在も講演活動などを通して、その普及にあたっている。

わが子《こ》が「なぜか好《す》かれる人《ひと》」に育《そだ》つお母《かあ》さんの習慣《しゅうかん》

2014年8月10日　第1刷

著　　者　永《なが》井《い》伸《しん》一《いち》

発行者　小澤源太郎

責任編集　株式会社プライム涌光
電話　編集部　03(3203)2850

発行所　株式会社青春出版社
東京都新宿区若松町12番1号 〒162-0056
振替番号　00190-7-98602
電話　営業部　03(3207)1916

印　刷　中央精版印刷　　製　本　大口製本

万一、落丁、乱丁がありました節は、お取りかえします。
ISBN978-4-413-03924-6 C0037
© Shinichi Nagai 2014 Printed in Japan

本書の内容の一部あるいは全部を無断で複写(コピー)することは著作権法上認められている場合を除き、禁じられています。

ケタ違いに稼ぐ人はなぜ、「すぐやらない」のか?
〈頭〉ではなく〈腹〉で考える!思考法
臼井由妃

「いのち」が喜ぶ生き方
矢作直樹

人に好かれる! ズルい言い方
お願いする、断る、切り返す…
樋口裕一

中学受験は親が9割
西村則康

不登校から脱け出すたった1つの方法
いま、何をしたらよいのか?
菜花 俊

青春出版社の四六判シリーズ

キャビンアテンダント5000人の24時間美しさが続くきれいの手抜き
清水裕美子

※以下続刊

お願い ページわりの関係からここでは一部の既刊本しか掲載してありません。
折り込みの出版案内もご参考にご覧ください。